2011—2015 年青海省交通科技成果汇编

青海省交通运输厅 编

人民交通出版社股份有限公司
China Communications Press Co.,Ltd.

内 容 提 要

本书为2011—2015年青海省交通科技成果汇编,由29个科研成果组合而成,涵盖了公路路面、路基、桥梁、隧道、交通运输及新材料等方面的内容。

本书既是对过去五年交通科技工作的梳理和总结,也是未来进一步做好交通科技工作的良好基础和开端,可供广大交通科技工作者借鉴参考。

图书在版编目(CIP)数据

2011—2015年青海省交通科技成果汇编 / 青海省交通运输厅编. — 北京:人民交通出版社股份有限公司,2017.8

ISBN 978-7-114-13866-9

Ⅰ. ①2… Ⅱ. ①青… Ⅲ. ①交通运输—科技成果—汇编—青海—2011—2015 Ⅳ. ①U-124.4

中国版本图书馆 CIP 数据核字(2017)第 096884 号

书　　名:	2011—2015年青海省交通科技成果汇编
著　作　者:	青海省交通运输厅
责任编辑:	丁　遥　张　鑫　潘艳霞
出版发行:	人民交通出版社股份有限公司
地　　址:	(100011)北京市朝阳区安定门外外馆斜街3号
网　　址:	http://www.ccpress.com.cn
销售电话:	(010)59757973
总　经　销:	人民交通出版社股份有限公司发行部
经　　销:	各地新华书店
印　　刷:	北京市密东印刷有限公司
开　　本:	787×1092　1/16
印　　张:	12.5
字　　数:	253千
版　　次:	2017年8月　第1版
印　　次:	2017年8月　第1次印刷
书　　号:	ISBN 978-7-114-13866-9
定　　价:	50.00元

(有印刷、装订质量问题的图书,由本公司负责调换)

本书编委会

主 任 委 员：马吉孝

副主任委员：陆宁安　王　平　王永祥　韩素文　付大智
　　　　　　陶永利　张铁军　李积胜　阿明仁　陈万福

委　　　员：王海军　赵兴荣　李　军　刘国华　侯永甫
　　　　　　薛宏轩　房　萍　冯文阁　赵连龙　史国良
　　　　　　罗延辉　唐　玲　石　敏　邢　敏　陈　阳
　　　　　　薛世元　赵国宁　徐　勇　苗广营　田明有
　　　　　　惠世元　刘建明　李群善　房建宏

编　　　辑：张立艾　徐安花　王兆川　高志敏　魏　亮
　　　　　　马裕博

序　言

创新是科技发展的不竭动力。"依靠科技上水平,创新发展见效益"已成为交通行业各级领导和广大科技工作者的共识,青海省交通科技创新能力不断加强,科技进步对交通发展的贡献率显著提高。党的十八届五中全会提出要牢固树立创新、协调、绿色、开放、共享五大发展理念,强调把创新摆在国家发展全局的核心位置,深入实施创新驱动发展战略,发挥科技创新在全面创新中的引领作用。习近平总书记在全国科技大会上的讲话中深刻指出,要在我国发展新的历史起点上,把科技创新摆在更加重要的位置,坚持走中国特色自主创新道路,面向世界科技前沿、面向世界主战场、面向国家重大需求,加快各领域科技创新。这是党中央综合分析国内外大势、立足我国发展全局提出的重大战略目标和战略部署,为加快推进我国科技创新指明了方向。

"十二五"期间,青海省交通运输厅党组高度重视交通运输对科技创新的需求,围绕交通运输部、省委省政府科技创新的战略部署,把交通发展与科技创新紧密结合起来,坚持以科技创新为引领,不断提升交通行业科技含量,全面打造行业科技创新型典范。五年来,共获得22项科技创新奖项,其中,"盐渍土地区公路建设成套技术及工程应用"荣获国家科技进步二等奖,"共和至玉树高速公路建设关键技术"等6项荣获青海省科技进步奖,"青海玉树地震滑坡(公路)治理与边坡灾害防治技术研究"等15项荣获中国公路学会科学技术奖。

出版《2011—2015年青海省交通科技成果汇编》,是全面展示过去五年来我省交通运输科技创新成果并对其进行系统整理,同时忠实记录了我省交通运输科技工作者无愧于时代使命的卓越奉献,对于贯彻落实创新驱动发展战略具有重要意义。相信科技成果汇编的出版,将有助于全行业乃至全社会更加了解和支持我省交通运输科技创新工作,更好地激发全行业科技创新热情,在更高起点上推进我省交通运输科技自主创新不断向更高层次和更高水平迈进。此科技成果汇编出版,供全省交通工作者鉴赏、交流、共勉。

科技肩负重托,创新成就未来。在新的历史起点上推进交通科技创新意义极其重大,任务十分繁重。让我们脚踏实地,大胆创新,勇于超越,牢牢把握历史机遇,树立交通行业创新自信,勇于攻坚克难,适应新常态,让科技创新成为交通行业共同的奋斗目标和行动指南,不断开创交通运输创新发展新局面,为青海交通建设谱写新的篇章。

2016 年 12 月 30 日

目 录

第一部分 交通运输部科技项目

干旱寒冷地区路面结构与材料研究 ………………………………………………… 3
青藏高原地区低路堤高等级公路建设综合技术研究 ……………………………… 10
盐渍土地区公路修筑技术推广与示范 ……………………………………………… 18
动荷载作用下西部地区公路冻胀翻浆机理及其防治 ……………………………… 23
青海高寒地区县乡公路低成本路面结构研究 ……………………………………… 30
基于气候变化条件下冻土地区高等级公路路基变形控制设计理论 ……………… 38
黄河上游青海段连续通航关键技术研究 …………………………………………… 44
青海省循环经济模式下的综合交通运输规划研究 ………………………………… 56
青海省公路建设项目后评价指标体系与方法研究 ………………………………… 62
黄河上游高原库区公路建设关键技术研究 ………………………………………… 67

第二部分 青海省科技项目

多年冻土地区硅藻土改性沥青应用研究 …………………………………………… 75
反复冻融条件下高等级公路路基填土的性质变化研究 …………………………… 81
沥青路面整治工程新旧路面联结层技术研究 ……………………………………… 88

第三部分 青海省交通科技项目

青海省沥青路面典型结构形式研究 ………………………………………………… 99
察尔汗盐湖地区软弱盐渍土公路路基稳定性研究 ………………………………… 107
察尔汗盐湖地区公路桥梁涵洞基础形式及耐久性研究 …………………………… 114
青海省公路工程高原施工增加费费率测定 ………………………………………… 120
青海玉树地震滑坡（公路）治理与边坡灾害防治技术研究 ……………………… 126

大酉山黄土公路隧道施工安全保障技术研究……134
青海省公路工程多年冻土开挖定额测定研究……142
青海省道路运输车辆油耗研究……147
青海省公路智能运输系统发展研究……153
青海省收费公路建设市场化融资问题研究……159
青海河湟区域厚层基材植被护坡技术应用试验研究……165
汽车发动机燃用乙醇汽油和普通汽油在青海高原环境下的对比性研究……170
青海省公路桥涵水文分区的修正及应用研究……175
青海高等级公路电热融雪技术的试验研究……179
汽油车简易稳态工况排放测试系统工况模拟关键技术的研究及评价……183
高原环境对青海省道路运输车辆润滑油品质影响研究……188

交通运输部科技项目

干旱寒冷地区路面结构与材料研究

项目编号：2005 318 795 11
任务来源：交通部西部交通建设科技项目
承担单位：青海省交通科学研究所
　　　　　长安大学
　　　　　青海省公路局
研究人员：房建宏　陈拴发　徐安花　郑木莲　熊　锐　薛兆锋　关博文
　　　　　黄世静　付　欣　马培君　陈　红　孙兆刚　付其林　史国良
　　　　　徐　皓　张虎发　徐浩俊　张来春　路文琴
评价时间：2011年9月19日
评价水平：国际领先
获奖情况：荣获2013年度中国公路学会"科学技术三等奖"

一、项目研究背景及必要性

青海省公路建设在过去十多年里发展迅速，路面整体质量也显著提高。由于普遍采用了强度高和水稳定性较好的无机稳定粒料半刚性基层，基本上消除了过去石灰土基层路面常见的春融翻浆、变形等病害，路面行驶质量大为改善，使用寿命大幅延长，基本形成了以半刚性基层沥青混凝土路面为主，水泥混凝土路面为辅的路面技术现状。但是，与其他省份一样，青海省在路面技术实践中面临的一个问题是，不少路面的实际使用寿命达不到设计使用年限就出现早期破坏。路面设计使用年限是指在规定期限内满足预测标准累计轴次所需承载力，并允许在期限内进行一次恢复路表功能的维修（罩面）的路面应具有的使用寿命。按照现有路面设计规范，对于沥青混凝土路面，高速公路、一级公路路面使用年限为15年，二级公路为12年；对于水泥混凝土路面，一般使用年限应超过20年。而不少路面的实际使用情况远远达不到这个水平，除交通量大、重车多以外，有没有路面结构设计本身的问题？路面结构是否厚度不足？如果不认真分析造成这些路面早期破坏的真正原因，形成一致性结论，很难保证这些路面改建后不会出现同样的问题。

目前，国内对潮湿寒冷地区（如东北地区）的路面结构与材料性能研究较多，而针对西北干旱寒冷地区的路面结构与材料性能研究较少,只是对青藏高原多年冻土地区的道路铺筑问题展开了一系列研究,并取得了一定的成果。我国西北干旱寒冷地区地域辽阔,地形、地质、气候条件与国内其他地区都有很大区别,例如该地区气候干燥、日照充足、紫外线作用强烈、日温差大、夏季凉爽等。国内其他地方对路面典型结构和材料性能的研究并不适用于西北广大干旱寒冷地区的实际情况。

青海省气候干旱寒冷,海拔较高,加上特殊的地形、地质等条件,该地区道路修建过程中出现了很多难解的工程问题。例如:干旱寒冷地区高等级公路建设及其耐久性问题;高原强紫外线照射环境下公路沥青面层的老化问题;在多年冻土地区筑路和养路难的问题,这也是高原多年冻土地区筑路、养护的世界性难题;在青海省西部及盐湖地区、重盐渍土地区修筑高等级公路的问题等。为保证青海省公路交通建设的大力发展,必须系统地解决上述问题,使公路运输更好地为区域经济服务,做出更大的贡献。

二、研究内容

本项目紧密结合我国目前公路建设实际,充分考虑我国国情,针对干旱寒冷地区路面结构与材料,重点从以下六个方面进行研究:

1. 干旱寒冷地区环境特征及路面使用状况调查分析

根据气候干旱寒冷地区的环境特征,重点调查青海各地气候特征参数、交通量和交通组成,结合沥青路面结构形式及主要破坏类型等使用状况调查分析,提出适用于干旱寒冷地区路面基层材料和面层材料的使用要求。

2. 干旱寒冷地区路面基层材料研究

对功能性化学外加剂与水泥稳定碎石中水泥材料进行优化配伍,并对其进行路用性能试验研究,结合混合料级配类型及其适用性试验分析结果,提出基于低收缩、超早强的材料技术要求以及组成设计方法。在级配碎石层吸收和消减半刚性基层裂缝机理研究的基础上,对级配碎石过渡层材料力学特性与稳定性能进行研究,进而提出级配碎石组成设计方法。

3. 干旱寒冷地区沥青路面面层材料性能与要求研究

针对干旱寒冷地区的气候特点及交通情况,对沥青结合料的低温特性、光老化特性进行试验研究,在此基础上对沥青结合料低温性能指标进行探讨,提出干旱寒冷地区沥青路面适宜的结合料选择指标;基于干旱寒冷地区沥青路面开裂机理,提出沥青混合料低温性能评价方法,研究沥青混合料在不同老化状态下的低温抗裂性能,并针对该地区沥青混合料低温抗裂性能和耐老化性能最为关键的现状,提出沥青混合料相应的性能指标要求及组成设计原则。

4. 基于干旱寒冷气候特征的新型沥青混合料研究

基于干旱寒冷地区沥青路面面层材料性能与要求的研究成果,设计出四种适合当地环境特征和材料特性的新型沥青混合料——开级配抗裂沥青碎石混合料、纤维沥青混合料、橡胶沥青混合料及抗老化沥青混合料,提出各类沥青混合料的组成设计方法,并对其路用性能进行试验研究。

5. 干旱寒冷地区沥青路面结构分析与设计

利用ANSYS对不同沥青路面结构组合形式在不同温度循环作用下的应力进行计算。对不同接缝间距的半刚性基层沥青路面在温度循环作用下的应力状况进行分析,确定半刚性基层合理接缝间距。利用均匀设计法安排参数组合,计算级配碎石过渡层模量,对设置级配碎石过渡层沥青路面力学响应进行深入分析,得出相关规律。应用FRANC2D对比研究设置OASM的沥青路面反射裂缝扩展路径,对设置OASM的沥青路面进行车辆荷载应力分析、温度应力分析以及轮载与温度共同作用下的耦合应力分析。针对半刚性基层可能出现的预切缝问题,提出干旱寒冷地区半刚性基层沥青路面设计指标,归纳半刚性基层沥青路面设计步骤以及设计流程,初拟半刚性基层沥青路面合理结构。针对干旱寒冷地区半刚性基层沥青路面普遍存在的反射裂缝问题,推荐两种新型的沥青路面结构。

6. 干旱寒冷地区沥青路面试验工程与施工技术研究

基于干旱寒冷地区的环境特征和材料本身的特性,结合不同类型基层和面层的沥青路面试验段,提出原材料技术指标,在此基础上提出该地区沥青路面结构层的施工工艺及施工质量控制要求。

三、研究成果

本项目主要取得以下成果:

1. 干旱寒冷地区环境特征及路面使用状况调查分析

(1)通过干旱寒冷地区气候特点及交通量分析,结合路面使用状况调查,得到以下结论:沥青路面交通量并不是很大,且交通量增长率不高,引起该地区沥青路面诸多病害的原因是冬长夏短,寒冷季节长,气候变化急剧,年平均气温较低,昼夜温差大的恶劣气候环境。

(2)通过对青海省气候和路面调查结果分析,干旱寒冷地区路面破坏的主要原因是半刚性基层收缩开裂及低温作用下强度难以形成,作为其主要基层形式的水泥稳定碎石基层材料应具有较高早期强度及抗收缩性能,级配碎石过渡层材料应具有良好的力学特性和稳定性。

(3)考虑干旱寒冷地区年平均气温低、昼夜温差大、温度变化剧烈等气候特点,结合路面破坏形式分析,得出沥青混合料面层材料应具有较好的低温抗裂性能和抗老化性能。

2. 干旱寒冷地区路面基层材料研究

(1)功能化学外加剂与水泥稳定碎石基层材料中水泥基材料的优化配伍能显著提高水泥稳定碎石的早期强度,提高水泥稳定碎石抵抗干燥收缩和温度收缩的能力,提高水泥稳定碎石

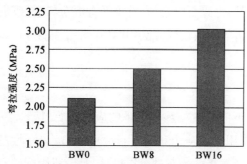

图1　90d不同外加剂掺量水泥稳定碎石抗弯拉强度

的抗冲刷性能和疲劳寿命,并能够降低水泥稳定碎石对延迟成型时间的敏感性,在一定程度上延长了延迟时间。90d不同外加剂掺量水泥稳定碎石抗弯拉强度如图1所示。

(2)通过理论与试验对比分析得出结论,骨架密实级配的水泥稳定碎石基层具有良好的抗裂性,适用于干旱寒冷地区早晚温差大、降温速率快的环境特点。并根据经验及理论计算得出一组骨架密实级配范围,结合外加剂试验分析结果,提出适用于干旱寒冷地区基于低收缩、超早强的水泥稳定碎石材料组成设计方法。

(3)通过试验分析结果提出级配组成设计的控制参数,包括级配参数和性能控制参数,其中级配参数包括最大粒径、n值、关键筛孔及其通过率;性能控制参数包括CBR值和剪切强度,并以渗水系数、抗冻指数为验证指标,提出了双指标控制的级配碎石组成设计方法。

3. 干旱寒冷地区沥青路面面层材料性能与要求研究

(1)基于干旱寒冷地区的气候特点及交通情况,对四种基质沥青和两种改性沥青结合料的低温特性、光老化特性进行了系统的试验研究。结果表明,10℃延度能较好地评价沥青结合料的低温性能,反映出沥青结合料的低温抗裂性。老化使基质沥青的低温抗裂性能降低,且PAV对沥青结合料的老化程度要比RTFO强烈。此外,光老化会使沥青结合料的理化性质发生变化,应将其作用效果作为沥青结合料的一个性能指标来评价沥青结合料的性能。

(2)通过对沥青结合料低温性能指标的系统探讨,提出了干旱寒冷地区沥青路面适宜的结合料选择原则及沥青结合料低温性能技术指标要求,为干旱寒冷地区路面沥青材料选择提供依据。

(3)基于干旱寒冷地区沥青路面开裂机理,提出了沥青混合料低温性能评价方法。通过小梁低温弯曲试验和低温劈裂试验研究了沥青混合料在不同老化状态下的低温抗裂性能,并针对该地区沥青混合料低温抗裂性能和耐老化性能最为关键的现状,提出了沥青混合料相应的性能指标要求及组成设计原则,为干旱寒冷地区基于路面使用功能的沥青混合料设计提供依据。

4. 基于干旱寒冷气候特征的新型沥青混合料研究

(1)针对干旱寒冷地区气候特征、材料特性、道路等级、路面结构形式等,基于干旱寒冷地区沥青路面面层材料性能与要求的研究成果,对四种新型沥青混合料——开级配抗裂沥青碎石混合料、纤维沥青混合料、橡胶沥青混合料及抗老化沥青混合料提出了组成材料的性能指标要求,并根据使用功能要求设计集料级配,在此基础上得出了各类沥青混合料的组成设计方法。

(2)对四种新型沥青混合料的路用性能进行了试验研究,表明所设计的新型沥青混合料性能优良,满足干旱寒冷地区特殊的路面使用功能要求。

5. 干旱寒冷地区沥青路面结构分析与设计

(1)沥青面层厚度对面层层底最大温度应力的影响要大于其对路表温度应力的影响,沥青路面路表和面层底的最大温度应力均随着沥青混合料的温缩系数、沥青面层模量和日温差的增大而增大。

(2)在沥青路面未出现预反射裂缝时,其预切缝中心处沥青路面面层底最大温度应力随着切缝宽度的增加逐渐增加,预切缝中心处的路表和面层底最大温度应力随着沥青混合料温缩系数、日温差的增大而增大。预切缝间距越小,沥青路面路表和面层底最大温度应力越小,设置切缝的效果越明显。沥青面层层底预切缝中心处最大温度应力与切缝宽度的关系如图2所示。

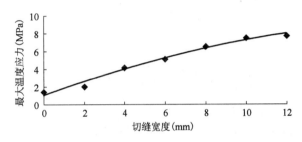

图2 沥青面层层底预切缝中心处最大温度应力与切缝宽度的关系

(3)通过正交设计法分析了六个路面结构参数对级配碎石过渡层模量影响规律及其影响的显著性,拟合出级配碎石过渡层模量的实用计算公式。采用弹性层状体系分析程序迭代方法,对级配碎石过渡层沥青路面各分析指标进行了深入分析,得出相关规律。

(4)对比研究了设置 OASM 缓解层的沥青路面反射裂缝扩展过程中应力强度因子的变化以及疲劳作用次数。裂缝扩展方向与裂缝面的夹角 θ 值越大,裂缝扩展到路面顶面所需的路径越长。铺设 OASM 缓解层使得路面结构的裂缝扩展角增大。随着反射裂缝的向上扩展以及裂缝长度的增加,每增长一定长度所需的作用次数不断减小,裂尖应力强度因子不断增大。

(5)对设置 OASM 缓解层的沥青路面的车辆荷载应力分析表明:OASM 缓解层模量与其自身荷载应力基本呈正比关系,但影响并不明显;OASM 缓解层厚度对其自身荷载应力影响显著。对设置 OASM 缓解层的沥青路面的温度应力分析表明:OASM 缓解层模量与其自身温度应力基本呈正比关系;OASM 缓解层厚度与其自身温度应力基本呈反比关系;OASM 缓解层空隙率与其自身温度应力基本呈反比关系。

(6)对设置 OASM 缓解层的沥青路面在轮载与温度共同作用下的耦合应力分析表明:OASM 缓解层模量对其自身耦合应力影响作用较小。OASM 缓解层厚度对其自身耦合应力影响显著,增加 OASM 缓解层的厚度对减小其自身耦合应力起到了很大的作用。

(7)通过对干旱寒冷地区沥青路面结构设计的研究,针对半刚性基层可能出现的预切缝问题,提出了干旱寒冷地区半刚性基层沥青路面设计指标。归纳总结了干旱寒冷地区特殊环境下的半刚性基层沥青路面设计步骤以及设计流程,初拟了干旱寒冷地区半刚性基层沥青路面合理结构。

(8)针对干旱寒冷地区半刚性基层沥青路面普遍存在的反射裂缝问题,推荐了两种新型的沥青路面结构。基于两种新型的沥青路面结构,提出了两种新型沥青路面设计指标,归纳总结了干旱寒冷地区特殊环境下的两种新型沥青路面的设计步骤以及设计流程,推荐了干旱寒冷地区两种新型沥青路面的合理结构。

6.干旱寒冷地区沥青路面试验工程与施工技术研究

铺筑了试验路实体工程(低温超早强水泥稳定碎石基层、级配碎石过渡层、开级配抗裂沥青碎石混合料下面层、纤维沥青混合料上面层、橡胶沥青混合料上面层和抗老化沥青混合料上面层),提出了干旱寒冷地区原材料相关技术指标,并结合干旱寒冷地区的环境特征和材料特性,提出该地区沥青路面结构的施工工艺和施工质量控制要求。

四、成果应用情况

该项目依托省道冷乌公路马海至鱼卡联络线路面工程 D 标和国道 215 线察格公路路面工程 D 标。其中省道冷乌公路马海至鱼卡联络线全长 46.7km,试验段 K150+500~K151+500 段按盐渍土分类为弱亚氯盐渍土,K151+500~K154+000 段按盐渍土分类为弱硫酸、亚硫酸盐渍土。国道 215 线察格公路路线总长 74.4km,在干寒地区蒸发量大、日夜温差较差大、全年低温期长的气候条件下半刚性基层表现出较为严重的收缩开裂行为,而且干旱寒冷地区施工期短、低温条件下半刚性基层强度不易形成。

本研究针对干旱寒冷地区的气候、地理、土质、材料、施工水平等,提出了相应的 OASM、纤维沥青混合料、橡胶沥青混合料、抗老化沥青混合料以及低收缩超早强水泥稳定砂砾基层等路面结构形式,有效解决了干旱寒冷地区沥青路面低温开裂问题,提高了沥青路面的耐久性。项目成果应用情况示例如图3、图4所示。

图3 基层碾压后效果

图4 土工布覆盖养生

五、经济社会效益

高质量的公路交通基础设施是促进西北地区经济实现跨越式发展和全面建设小康社会的物质基础,本课题研究成果可产生巨大的社会经济效益。

1. 可缩短公路建设工期,加快公路建设速度

充分考虑了当地的筑路材料,并推荐出适合的道路结构形式,在就地取材的情况下可缩短公路工程建设工期,尽快发挥公路建设的作用。

2. 促进当地经济发展

干旱寒冷地区公路网的改善可以较为明显地改变该地区交通闭塞的现状,良好的路况可以缩短运输里程,减少货物运输时间,能在一定程度上减少生产和销售环节上的费用,促进商品的流通,为各类产品提供市场,并产生相应的效益。

我国西北地区旅游资源丰富,良好的路面使用状况也将加深旅游者对该地区建设的良好印象,从而进一步吸引旅游者。

西北地区通常人烟稀少,交通不便,严重制约了当地经济的发展,同时运输成本的增加也限制和影响了当地投资环境,增加了企业的负担,不利于投资建厂。干旱寒冷地区公路的建设极大地改变了这种不利局面,优质的公路基础设施增强了吸引力,为投资提供了保障,也能加快物流的发展。

3. 减少交通事故,降低生命财产损失

目前西北干旱寒冷地区路面开裂、冻胀等病害破坏严重,路面对行车安全造成极大危害。本项目研究成果可大大提高行车安全,减少交通事故,降低生命财产损失。

4. 改善和提高该地区人民生活水平

公路状况的大大改善,加快了西北地区公路的发展,也可提高公路建设标准、质量,为地区经济的快速发展创造了良好的条件,推动了当地经济的快速发展,特别是增加了人们流动的频率,增加了就业机会,带动了相关产业的发展,加速了物质的交流,大大提高了该地区人民的生活水平。

青藏高原地区低路堤高等级公路建设综合技术研究

项目编号： 2006 318 795 29
任务来源： 交通部西部交通建设科技项目
承担单位： 青海省交通科学研究所
北京中交京华公路工程技术有限公司
研究人员： 房建宏　程国强　徐安花　李立锋　姚为民　李宜池　陈　红
游　宏　薛兆锋　李天斌
评价时间： 2011 年 9 月 19 日
评价水平： 国内领先
获奖情况： 荣获 2012 年度中国公路学会"科学技术三等奖"

一、项目研究背景及必要性

青海省中西部地区具有我国西部荒漠戈壁城镇稀疏地区的自然、地理、地质环境和社会人文经济特征，属干旱残积平原和盐碱化湖积平原地貌，广布强化第四纪砾土堆积层，干旱少雨，风沙侵蚀，除沿河、湖边缘分布块状"绿洲"外，人类生存条件极差，社会经济发展水平相对落后，交通出行量较小，主要以中、长途过境交通为主。但是，从地理区位和交通功能而言，青海省中西部地区同宁夏、甘肃河西走廊、内蒙古河套地区、新疆中部地区一样，是祖国内陆地区与西南、西北边境交通联系的主要通道，政治、军事及社会经济地位十分重要。大量资料表明，我国西部地区需要公路交通来促进社会经济发展，促进资源流动和贸易繁荣，改善地区经济环境和投资环境。

青海省境内的 G109 线民和—西宁—倒淌河—茶卡—格尔木—唐古拉山（放射线北京—拉萨）和 G215 线当金山—大柴旦—格尔木（横线连云港—霍尔果斯中的联络线柳园—格尔木）被列入《国家高速公路网规划》。这些路段所经过地区大多为西北城镇分布稀疏地区，部分路段人烟稀少、交通组成单一，而且地形地质条件相对较好。如何在西部城镇稀疏地区建设高等级公路，尤其是结合青藏高原城镇稀疏、区域内部交通出行较少的特殊自然地理、社会人文环境，建设低造价的高等级公路是我们面临的一项主要课题，应树立和落实全面协调、可持续发展的科学发展观,坚持规模与需求、发展与效益的协调统一,合理控制公路建设造价,在满足快速通畅交通需求的同时,提高公路建设的社会经济效益。

二、研究内容

1. 路线总体布局及交通组织研究

(1)公路交通需求预测。路网规划、路线布局及交通组织研究的基础是公路交通需求预测。在交通需求预测的过程中,针对青藏高原地区自身的特点及国家西部大开发的政策,从社会经济、人口、资源等多方面着手,充分考虑矿产、旅游等地理资源所引起的潜在交通量的影响(诱增交通量预测方法研究)。

(2)高等级公路布局研究。针对青藏高原城镇稀疏地区的公路交通需求情况及其社会经济特点,以现有公路网规划理论为基础,研究确定该地区高等级公路最为合理的布局方案及交通组织方式。

2. 交叉及出入口布局方案研究

(1)在充分掌握前人研究成果和青藏高原地区现有的社会经济、交通技术状况的基础上,对影响交叉及出入口布局的各种影响因素进行全面系统的分析,确定适合本地区特点的交叉及出入口布局方案。

(2)结合低路堤高等级公路建设的具体要求,对影响交叉及出入口布局的各种影响因素进行全面系统的分析,制订出适合本地区特点的交叉及出入口布局方案。

3. 桥涵典型结构及经济性研究

(1)结合青海省公路建设的实际情况,针对青藏高原的各类典型自然环境区域,对在建的和已建投入使用的大中型桥梁及涵洞的结构及其经济性进行广泛调研。

(2)总结、归纳各类典型地形、地质、地貌、水文等自然环境条件下适用的桥涵结构,并结合低路堤高等级公路建设的具体要求,确定经济性良好的桥涵典型结构。

4. 特殊地形、地质环境下路基横断面形式及路基高度研究

(1)结合地形地貌条件,进行分离式路基(包括半幅改建、半幅利用老路)、分台式路基等灵活多变的路基横断面形式的研究。

(2)在保证路基临界高度的前提下,开展合理路基高度的研究。

5. 人烟稀少地区高等级公路管理、养护及服务设施功能和经济性研究

(1)通过对青藏高原人烟稀少地区经济发展水平、人口密度、城镇布局、交通量等影响因素的分析研究,提出相应服务、管理设施建设的技术指标,为青藏高原人烟稀少地区高等级公路建设的规划、设计提供理论依据。

(2)根据青藏高原人烟稀少地区高等级公路管理养护的特点,分析研究国内外及青海省

先进的管理经验,探索类似条件下采用的管理模式、机械、人员标准,以提高效率,节约养护管理费用,降低运营成本;提出解决地广人稀地区高等级公路管理难度大、建设资金短缺、收费还贷困难等问题的对策。

(3)对青藏高原地区低路堤高等级公路,从建设到养护管理、收费还贷和运营的全过程进行分析研究,制订适合青藏高原人烟稀少地区特点的高等级公路管理养护对策。

6.青藏高原公路环境景观研究

(1)根据青藏高原路线总体布局方案,对该地区拟建公路沿线生态环境特点进行调查分析,包括沿线气候、水文、野生动物、野生植物、水土流失等内容。

(2)对路基路面工程取弃土、填埋或开挖等工程措施对生态环境造成的影响及破坏进行调查分析。

(3)对桥涵工程建设对区域生态环境造成的破坏进行调查分析。

(4)通过以上内容的研究分析,提出拟建公路沿线自然景观保护及恢复措施。

三、研究成果

1.青海省区域划分研究

本项目在分析青海省各地区地质、地形以及人口经济的基础上,将青海省划分为农业区、戈壁荒漠区以及高寒牧业三大区域(图1),考虑到课题研究需要,最终将戈壁荒漠区定为重点研究区域。

2.路线总体布局及交通组织研究

(1)通过资料收集和分析总结,给出了公路项目"四阶段推算法"交通需求预测的基本流程,并给出了预测过程中需要注意的事项,使得"四阶段推算法"的应用更具可操作性。

(2)将确定的公路项目"四阶段推算法"交通需求预测的基本流程和注意事项,应用于青藏高原地区多条高等级公路工程项目的可行性研究报告的编制过程当中,并通过调查和分析,总结得出了青藏高原地区高等级公路交通的特点,其最大的特点便是两个"为主",即以过境交通、出入境交通为主和机动车出行为主。

(3)提出了青海省戈壁荒漠区高等级公路布局的基本原则,并以G315线德令哈至小柴旦湖公路路线总体布局方案的确定过程为例进行了说明(图2)。

3.交叉及出入口布局方案研究

(1)给出了青海省戈壁荒漠区高等级公路路线交叉选择的基本方法,对于互通式立体交叉和分离式立体交叉,给出了设置的原则;对于平面交叉,给出了几种可供参考的交叉口形式。

(2)分析了现有无信号交叉路口通行能力计算的优缺点,提出了青藏高原青海省境内戈壁荒漠区拟建高等级公路交叉口通行能力的计算方法,并给出了相关参考值。

(3)对于拟建高等级公路交叉路口是采用互通式立体交叉还是采用改进型平面交叉,给出了判断的方法。

图1 青海省区域划分图

图2 路线走向示意图

4. 桥涵典型结构及经济性研究

主要根据青海省戈壁荒漠区的地形地质特点,在调查分析的基础上提出了研究区域内桥涵的选型原则以及适用形式,推荐20.0m<跨径≤40.0m的桥梁采用预应力混凝土组合连续箱梁,13.0m≤跨径≤20.0m的桥梁采用预应力混凝土空心板桥。桥梁下部构造建议采用柱式墩台,且宜采用扩大基础。对于涵洞,建议采用钢筋混凝土盖板涵、现浇钢筋混凝土箱涵、拼装式钢筋混凝土箱涵、钢筋混凝土圆管涵和波形钢管涵。

5. 路基横断面形式及路基高度研究

(1)围绕青藏高原青海省境内戈壁荒漠区高等级公路建设模式和路基横断面形式的选择展开研究,并给出了相关建议。

(2)在介绍和分析青藏高原青海省境内戈壁荒漠区地质地貌特征以及主要路基病害的基础上,提出了该地区高等级公路建设中路基设计的最小高度为0.5~1.3m。

(3)分析了影响高等级公路路基高度的因素,并构建了高等级公路合理路基高度计算的模型,最后将其应用于青藏高原青海省境内戈壁荒漠区高等级公路的建设当中,同时提出了合理的路基高度为1.2~2.0m。

6. 管理、养护及服务设施功能和经济性研究

(1)结合戈壁荒漠区地广人稀以及交通流"远、小、快"特点,提出了戈壁荒漠区高等级公路部分封闭的方案,即在农业绿洲区、绕城镇工矿区或其他横向干扰较大的地区,采用隔离栅封闭,并设置辅道;在无人烟的戈壁荒漠地区,当确认没有牛羊群横向干扰时,可不封闭。

(2)提出了青海省戈壁荒漠区高等级公路管理服务设施配置的原则和方法。

(3)分析了目前国内高等级公路收费中常用的几种人力资源配置模式,并结合青海省戈壁荒漠区的特点,提出了青海省戈壁荒漠区高等级公路收费人力资源配置的模式。

(4)分析了目前国内高等级公路养护管理中常用的几种模式,并结合青海省戈壁荒漠区的特点,提出了该地区高等级公路养护管理的模式。

(5)结合高等级公路养护管理的内容,给出了养护设备选型的原则。

7. 青藏高原公路环境景观研究

重点分析研究了公路建设对生态环境以及野生动植物生存环境带来的破坏以及影响,并提出了相应的保护措施,示例如图3所示。

图3　植物异地"假植"施工(G214线 K208+200)

四、成果应用情况

本项目将既有国道315线绿草山至小柴旦湖公路作为一期工程,新建路段作为二期工程,通过新建二期工程(另辟一幅路基)升级为分道分向行驶的四车道地方高速公路,全线总体方案按照"2+2"(一期+二期)模式进行设计。

1. 路线方案

主线分离式路基左线起点位于德令哈农场ZK15+400(位于现有G315线老路左侧),经戈壁乡ZK22+800、可鲁克湖ZK44+500、怀头塔拉镇ZK59+350直至茶叶沟ZK71+021.535。此后,路线仍然布设于现有G315线老路左侧,向西经羊肠子沟ZK108+200~ZK114+400、大煤沟ZK120+600~ZK138+300去饮马峡火车站岔路口ZK149+400至绿草山岔路口ZK154+

900,然后向西南沿 G315 线绿草山至小柴旦湖公路一期工程线位走向布设,经包格拉陶勒哈山南 ZK167+000、小柴旦湖工区 ZK183+600 至本项目路线终点 ZK184+018.304。主线左线全长 170.3km。

主线分离式路基右线,起点位于德令哈农场 YK9+700,全线大部分路段利用现有 G315 线德令哈至小柴旦湖公路的老线布设,仅对羊肠子沟 YK107+600~YK113+000、大煤沟 YK120+600~YK138+151.643 部分路段裁弯取直,使其达到高速公路线形指标。主线右线全长 170.1km。

2. 路基工程

项目主线设计速度 80km/h,路基标准横断面宽度为 12m。具体路基横断面布置形式为:0.75m(土路肩)+1.5m(硬路肩)+3.75m(行车道)×2+1.5m(硬路肩)+0.75m(土路肩),如图 4 所示。

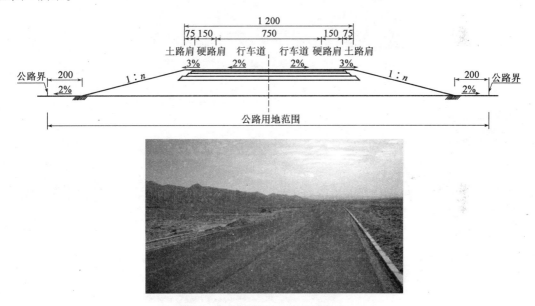

图 4　路基标准横断面(尺寸单位:cm)

注:填方边坡当路基填土高度大于 3m 时为 1:2,小于 3m 时为 1:4。

考虑到高速公路建成通车后沿线居民的出行问题,在 ZK6+016.515~ZK59+700(怀头他拉镇)段,路基宽按 18.0m 方案设计,即在 12.0m 宽的路基左侧平行修建一幅路基宽 6.0m 的辅道。

具体路基横断面布置形式为:0.5m(土路肩)+5m(行车道)+0.5m(土路肩)+0.75m(土路肩)+1.5m(硬路肩)+3.75m(行车道)×2+1.5m(硬路肩)+0.75m(土路肩),如图 5 所示。

3. 路基高度

项目所经平原路段,为了降低工程造价,路基采用低路堤形式。考虑拟建项目地区人口稀少,同时结合该地区冰冻深度,一般填土高度为 1.5m 左右。

图5 G315线德令哈至小柴旦湖高速公路18m(加辅道)路基横断面(尺寸单位:cm)

4. 路基边坡坡率

项目沿线多为荒漠戈壁,自然景观单调,长途驾驶驾驶员容易疲劳和困倦,出现交通事故。根据青海地区的自然环境特点,同时也为了贯彻"低路堤、缓边坡"的设计理念,在路基边坡设计时考虑在填方小于3m的低填戈壁段,路基边坡采用1:4的缓边坡,并把转折点做成弧形,缓边坡与弧形相结合,组成流线型横断面(图6、图7);路基高度≥3m时,边坡采用1:2。

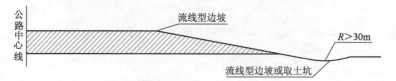

图6 流线型路基横断面设计图

图7 G315线流线型边坡

五、经济社会效益

本项目结合青海省戈壁荒漠区低路堤高等级公路的建设展开了一系列研究,因地制宜地提出了该地区经济性良好的桥涵结构,提出了路线交叉选型的基本原则和方法,提出了该地区高等级公路建设过程中适合的建设模式、路基横断面形式以及合理路基高度,提出了该地区高等级公路建设过程中环境保护和恢复的相关措施,对于降低该地区高等级公路建设的工程造价和保护当地环境具有一定的指导作用,其经济和社会效益巨大。

盐渍土地区公路修筑技术推广与示范

项目编号：2008-353-363-450
任务来源：交通运输部联合科技攻关项目
承担单位：青海省交通科学研究所
　　　　　青海路桥万畅工程有限公司
　　　　　同济大学
研究人员：房建宏　徐安花　孙黎仙　赵大虎　薛　明　李义邦　陈文远
　　　　　钟世云　虞卫国　王存贵　孙昌盛　赵武卫　余世敏　张　俊
　　　　　薛兆锋　张　花　王保成　苏永菊　祁德军　邓育燕　刘晓旭
　　　　　刘　勇
评价时间：2012 年 12 月 26 日
评价水平：国际先进

一、项目研究背景及必要性

青海省盐渍土分布广泛，土体盐渍化严重，许多地区属于重盐渍土地区。在盐渍土地区修筑公路，一般就地取材，筑路材料中含有较高的盐分，不含盐分的筑路材料长期在盐渍化环境中也会受到盐分的影响，产生次生盐渍化现象。由于硫酸盐的结晶膨胀性和氯化盐的溶蚀性等特殊性质，公路极易受这些盐分的影响而出现一些特殊道路病害，如翻浆、盐胀、溶蚀、混凝土构筑物腐蚀等等。这些病害经常发生，严重影响道路使用的寿命，还要投入大量资金进行经常性的维修养护。维修养护并不能从根本上杜绝道路病害的发生，次年病害还会发生，每年都要投入大量人力和财力。要想从根本上解决道路病害，还要在施工过程中采取相应的处治措施，延长道路的实际寿命，也节省了财力、人力，这对盐渍土地区的公路施工技术提出了新的课题。对此现象，公路的主管部门及盐渍土地区的各级公路养护管理部门均有深刻认识，立项进行了专项研究，并取得了大量科研成果，但这些成果目前尚未在公路工程中得到广泛应用。本项目的设立，目标为将上述成果在盐渍土地区公路设计、建设、管理、养护中进行推广，在研究中提炼出直接用于工程建设的指导性文件，以提高盐渍土地区公路的服务水平并延长其使用寿命，促进盐渍土地区公路建设的发展。

二、研究内容

1. 现有盐渍土地区筑路技术调研及其适用性评价

(1)现有盐渍土地区筑路技术的经验与教训；
(2)盐渍土地区筑路过程中存在的技术难题。

2. 现有研究成果实际应用的可行性研究

(1)现有研究成果的适用性研究；
(2)现有研究成果实际应用中遇到问题的研究；
(3)根据研究成果提出公路施工中的施工技术、处治措施。

3. 盐渍土地区公路路基设计与施工技术

(1)盐渍土地区公路路基设计；
(2)盐渍土地区公路路基回填料的检测技术与控制标准；
(3)盐渍土作回填料时的处治技术；
(4)盐渍土地区公路路基施工技术与工艺。

4. 盐渍土地区公路路面设计与施工技术

(1)盐渍土地区公路路面设计；
(2)盐渍土地区公路路面基层施工技术与工艺；
(3)盐渍土地区公路水泥混凝土路面施工技术与工艺；
(4)盐渍土地区公路沥青混凝土路面施工技术与工艺。

5. 盐渍土地区公路构筑物设计与施工技术

(1)盐渍土地区公路构筑物防腐蚀设计；
(2)盐渍土地区公路的防水、排水设计与施工技术；
(3)盐渍土地区公路构筑物防腐的施工技术与工艺。

6. 盐渍土地区公路的养护与维修技术

(1)盐渍土地区公路路基的养护与维修技术；
(2)盐渍土地区公路路面的养护与维修技术；
(3)盐渍土地区公路构造物的养护与维修技术。

7. 盐渍土地区公路修筑技术指南

具体实施方案如下：
(1)调研国内外研究及应用状况，了解国内外盐渍土地区公路修筑及施工技术科研的内容及进展。

(2)深入研究现有的交通运输部有关盐渍土公路建设方面的研究成果,吸收已有研究成果的精华,将其应用到本研究中去。

(3)通过现有研究成果的分析及实体工程调查资料的分析研究,初步确定盐渍土地区公路工程施工的特点及关键技术。

(4)不同盐渍土地区的划分及其工程特点研究。

(5)按照确定的不同分区及特点确定依托工程,参照理论研究成果拟定依托工程的设计方案、施工工艺及实施大纲。

(6)以依托工程为基点,用研究成果指导依托工程的实施,并根据遇到的实际问题和反馈回来的信息进一步完善施工工艺,提出盐渍土地区公路工程设计、施工技术,指导今后盐渍土地区公路建设中的项目施工。

(7)选择试验路段将养护成果应用于工程实践,验证其可靠性,提出盐渍土地区工程养护技术。

三、研究成果

本研究集中总结了盐渍土地区从设计到施工、再到养护维修的主要公路筑路技术,对盐渍土地区公路建设的主要问题进行了总结和梳理。在察格高速公路及大柴旦至察尔汗公路开展了两段盐渍土地区公路示范建设,并针对盐渍土环境下的筑路技术进行了探索性的研究,收集了详细的路段地质情况信息,建立了多种数据采集设备,为盐渍土地区公路修筑技术研究的进一步开展打下了基础。

1. 示范研究项目

具体开展的示范研究项目包括:
(1)公路大直径袋装混凝土灌注桩技术;
(2)特殊路基的处治技术;
(3)路面结构及材料组成设计研究;
(4)桥涵构造物基础防腐技术研究;
(5)盐渍土地质条件下混凝土结构抗腐蚀试验。

2. 结论

示范工程在投入使用后取得了良好的社会经济效益,并获取以下结论:
(1)袋装混凝土灌注桩技术的操作施工满足桩基检验要求,有效解决了强、过盐渍土地区的水泥混凝土桩基问题,提高了盐渍土地区工程质量,保证了盐渍土桩基的耐久性,推动了盐渍土地区桩基施工技术的发展。
(2)在盐渍土地区用岩盐直接填筑合理高度的路基,既经济又满足要求,是一种有效合理的路基处治措施。

（3）在盐渍土地区公路铺设时设置护坡道，既可以有效地阻止公路路基两侧的水由于水位上升而对路基产生侵蚀，还可有效避免岩盐路基由于盐胀引起的塌陷等病害。

（4）采用土工布作为隔断层材料，防渗效果良好，且具备工艺简单、运输方便、造价低等优点。

（5）对盐渍土地区路基基地处治中进行灌注桩加固处理，增强了岩盐路基的稳定性，现场检测表明效果良好。

四、成果应用情况

察格高速公路是《国家高速公路网规划》柳园至格尔木高速公路（G3011）中的重要路段之一，也是连云港至霍尔果斯、北京至拉萨两条高速公路的西部连接高速公路，具有重要的交通战略意义。察格高速公路全长80.052km，全线按双向四车道高速公路标准建设，路基宽26m，路面结构为沥青混凝土，设察尔汗、鱼水河、格尔木三处互通式立交桥，设计行车速度为100km/h。

G215线察尔汗盐湖至格尔木公路，是青海省在盐渍土地区修建的第一条高速公路。公路沿线大部分是盐渍土地质，含有氯盐、硫酸盐及亚硫酸盐等多种成分；部分路段地表水丰富、地下水位高，形成了分布较广的沼泽地、水草地。

施工中，关键之一是要保证路基安全稳定。课题组针对地表过湿及软弱地基，采用了强夯置换这一公路工程上罕见的施工工艺；对构造物两端及盐盖过渡段地基，在青海省公路建设中首次采用了砾石桩施工工艺；对地下水位较低、粉土层较薄路段，则采用了冲击碾压的施工方法，使地基承载力不小于100kPa或150kPa，减少路基产生不均匀沉降。

另外，针对盐渍土质对桥涵构造物的腐蚀性，在桥梁桩基施工中，在国内首次尝试应用布袋桩施工工艺，将混凝土桩身用特殊材料制成的布袋包裹，隔绝盐渍土的腐蚀，同时严格控制混凝土强度，提高构造物的耐久性和安全性。项目成果应用情况示例如图1～图4所示。

图1　检查防腐袋　　　　　　　　　图2　防腐袋的安装

图3 内蒙古巴彦淖尔市被腐蚀严重的桥墩

图4 防腐砂浆修补的桥柱

五、经济社会效益

本课题通过开展公路大直径袋装混凝土灌注桩技术、特殊路基的处治技术、路面结构及材料组成设计研究、桥涵构造物基础防腐技术研究及盐渍土地质条件下混凝土结构抗腐蚀试验等示范研究项目,解决了察格高速公路及大柴旦至察尔汗公路实施过程中所面临的设计、施工以及养护维修难题,取得了良好的社会经济效益,可为今后青海省盐渍土地区公路的修筑提供技术指导。

动荷载作用下西部地区公路冻胀翻浆机理及其防治

项目编号： 2008 318 795 24
任务来源： 交通部西部交通建设科技项目
承担单位： 青海省交通科学研究院
北京交通大学
研究人员： 徐安花　刘建坤　房建宏　黄世静　陈肖柏　田亚护　郑文娟
陈　曦　薛兆锋　李　旭
评价时间： 2013 年 11 月 21 日
评价水平： 国际先进

一、项目研究背景及必要性

我国位于欧亚大陆的东南部，而北半球冬季中的世界寒极位于我国以北，在东亚大槽的槽后西北气流引导下，世界上最强大的东西伯利亚冷空气频频南下，使我国成为冬季世界上同纬度地区最冷的国家，整个冻土区约占全国面积的 70%。其中，多年冻土是指保持冻结状态时间持续三年以上、若干世纪、甚至几千年的冻土，主要分布在东北大、小兴安岭，松嫩平原北部及高山地带和青藏高原上，并零星分布在季节冻土区内的一些高原上，总面积约 215 万 km^2，占全国面积的 22.4%。

季节冻土是指冻结状态可保持数月，只在地表几米范围内冬季冻结、夏季消融的冻土，其分布遍及长江流域以北的广大疆域，包括贺兰山至哀牢山一线以西的广大地区，以及此线以东、秦岭—淮河以北地区。

对冻土而言，当冻结深度超过 0.5m 时，就有可能在冻结和融化过程中出现病害。然而，分布在广大东北、华北、西北及内蒙古地区的季节性冻土，其冻结深度由南至北、由低海拔向高海拔区增厚，最大可达 3m 左右，因此病害现象较为严重，具体表现为大幅冻胀和融沉。

近年来我国大量高速公路的兴建及现有道路的扩能改造，交通量与动载荷的强度和频率大幅度提高，对于路基变形稳定性方面的要求也越来越高，无论是冬季的冻胀，还是春夏的翻浆，都会造成路面平整度的降低甚至破坏，严重地威胁着公路工程的安全与稳定，给公路尤其是高速公路的正常运行带来了极大安全隐患,并额外增加了公路养护费用,阻碍了公路建设的发展,也给国民经济造成了重大的损失。而近几年来,由于大量超载车辆的出现,更加剧了这种病害的程度。系统地研究季节性冻土,无论是对冻土理论的发展,还是对我国公路工程的大规模建设都具有重大意义。

二、研究内容

本项目将深入研究公路、特别是高速公路车辆动载荷对路基冻胀变形及随后翻浆冒泥的影响,研究路基填料的防冻害新标准,研究寒冷地区公路路基动荷载条件下的建养技术,研究用于能够调控路基水热状态及变形的新材料、新结构等。

1. 主要研究内容

(1)车辆动荷载作用下非饱和压实土冻结时的水分迁移规律及冻胀特性,即公路冻胀与龟裂机制;

(2)动荷载作用下路基融解软弱化特性,即翻浆与冒泥机制;

(3)动载荷作用下公路路基填料的冻胀性判据;

(4)有效抑制冻胀与翻浆措施的研究;

(5)高速公路防冻设计基本理论与方法;

(6)土冻结时的水—热—动力物理模型及其数值模拟。

2. 具体实施方案

(1)现场调研:根据青海公路部门多年的实地经验,选取冻胀翻浆严重路段作为调研重点,拟选取G109橡皮山段和大通长宁公路作为调研考察的重点。这两条线路翻浆现象严重,翻浆段里程超过整里程的30%以上,具有代表性。分别在冬、春季节对这两段公路沿线进行调查,掌握该段公路路基在冬季的冻胀情况和春季的翻浆情况,并获取大量的照片、摄像资料,以深化表观上的认识;掌握当地的气候、水文和地质条件,并对典型路段结合钻探取样进行路基土室内检测,确定其性能指标,分析与此有关的病害成因;对积水、过水路段断面取样进行含水率、密实度测试等,分析水分条件与冻胀翻浆的关系,并就水源来源进行调查,辨明其补给方式,为冻胀分析提供依据;对当地的车流量进行统计,分析季冻区公路中车辆荷载对冻胀翻浆的影响。

(2)现场监测:包括两个方面的内容,一是现有路基冻胀翻浆现象的监测,二是对冻胀翻浆处理过的路基进行监测,二者对比分析得出处理效果。现有路基冻胀翻浆监测包括变形监测、地温监测、路基水分变化监测,通过监测,掌握当地气温、地表温度、路基温度场和地下水的动态发展规律,分析路面冻胀与龟裂发展过程和翻浆冒泥过程;观察路基冻土结构构造、试验测试路基湿度变化过程;掌握道路冻胀、翻浆的全过程。

(3)室内试验:包括动荷载作用下非饱和压实土冻结时水分迁移规律及冻胀特性研究、动荷载作用下路基土融解软弱化特性、直剪试验、公路路基填料的冻胀性判据指标等。

（4）数值模拟方法：在已有工作基础、现场观测、室内试验的支撑下，开展有限元计算，模拟分析改良措施的实际效果，并和实际监测结果进行比较分析，以得出变形控制方法。

（5）在总结冻胀融沉病害特征、分析病害发生机理、研究病害发展规律的基础上，结合现场观测、室内试验结果以及数值模拟预报等，提出冻胀翻浆处治措施的应用条件和可行性方法。

三、研究成果

本项目以西北地区新建的高速公路与既有线路路基工程为背景，以青海省深度季节冻土区内国道上严重冻胀、翻浆地段为重点，在总结国内外冻胀翻浆病害研究的基础上，以G109线橡皮山段严重路基冻胀翻浆病害地段为研究对象，通过三年现场实体工程的观测、试验及室内试验，结合路基填料的土性分析，系统研究动载荷作用下压实土内的水分迁移与冻胀规律，阐明道路路基的冻胀、龟裂与随后融化翻浆冒泥的机制，并分析总结了温度、荷载、压实状况对其的影响，提出了控制路基冻害的实用工程措施，提出了高速路基填料的防冻害选择标准，研究提出了用于能够调控路基水热状态及变形的新材料、新结构，为建立公路、特别是高速公路路基冻胀变形的控制理论和设计方法提供理论依据。

1. 具体结论

（1）青海省G109橡皮山段路基填料为低液限砂质粉土，塑性指数 $IBPB = 8.9 < 10$，液限 $WBLB = 19.7 < 40$，属于冻胀敏感性土，具备了发生冻胀翻浆病害的土质条件，特别是在循环动荷载的作用下，更容易产生病害，这也是该公路产生严重冻胀翻浆病害的主要原因。

（2）通过开敞系统中土样在动、静荷载作用下的冻胀试验，发现补水条件、冷端温度及压实度对冻胀变形及水分迁移有显著的影响；在较好的补水条件、较高的冷端温度、较低的压实度及较小的荷载作用时，土样的冻胀特性明显，冻胀病害严重，到了春季由于温度逐渐升高，加之汽车荷载的作用，就可能会产生严重的翻浆病害。

（3）动荷载作用下冷端温度对土样内部温度场的影响（图1）和它对静荷载作用下土样的温度场的影响（图2）基本一致。动应力幅值只对冻结深度的发展过程有轻微影响，对其最终的冻结深度无影响。较大的动荷载会使土样的冻胀率减小，抑制土样的冻胀。同时，动荷载作用下冻结锋面处的含水率大于静荷载作用下冻结锋面处的含水率，这也是由于动荷载对水分的抽吸作用所致。

（4）对开敞系统中冻结的土样，在无侧限条件下进行了融沉翻浆试验，发现融化过程中动应力幅值对温度场及融化深度等因素影响不大，但对融沉变形量影响显著，荷载对融沉翻浆起到了一定的加剧作用；顶板融化温度和土样冻结时的冷却温度对融化过程中的温度场、融化深度和融沉变形量影响显著；存在某一动应力幅值，当外界动荷载小于该值时土样没有达到破坏标准，路基工作状态仍然良好，超过该动应力幅值，土样在数周动荷载作用下即会出现破坏。

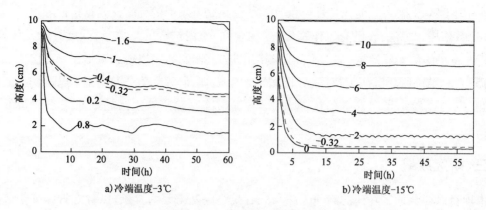

图1 动荷载作用下不同冷端温度下土样内部温度场

（压实度0.95，动应力幅值100kPa，频率1Hz）

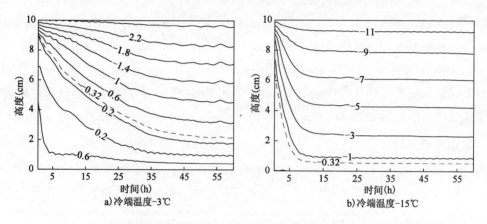

图2 静荷载作用下不同冷端温度下土样内部温度场

（压实度0.95，静荷载30kPa）

（5）基于理论模型与试验结果，提出了路基冻胀翻浆防治措施，特别是针对动荷载的影响，提出了加强路基表面1.5m范围内的土体强度等措施，具体如表1所示。研究结论将为季节冻土区公路路基病害的防治提供强有力的指导。

季冻区公路路基冻害防治措施　　　　　　　　　　　　　　　　表1

影响因素	具体措施
土质	选用优良的路基填料；换填
水分	加强路基排水；提高路基高度；设置隔离层；路基分层设计
温度	设置防冻层；设置隔温层
压实度	提高路基压实度
荷载	加强路面结构，在路基表面采用半刚性土体

2. 本研究的创新点

（1）调查了橡皮山路段冻害的类型、成因、动荷载水平情况。

(2)对开敞系统中冻结的土样分别施加静、动荷载作用,分析路基冻胀病害的影响因素及发育机理,并建立了冻结过程中的水分迁移规律。

(3)对开敞系统中冻结完成的土样在融化过程中施加动荷载作用,研究不同动应力幅值、融化温度和冷却温度下季冻区路基填料的融沉翻浆特性,并揭示了其发育机理;通过试验研究了多年冻土区土样在冻结融化过程中的水分迁移规律和冻胀融沉变形规律,并将结果和季冻区的试验结果进行了对比。

(4)通过分析冻胀融沉试验得出了冻胀翻浆影响因素,针对主要因素在冻胀翻浆中发挥的作用,提出了季节冻土地区公路路基冻害防治措施。

四、成果应用情况

位于青海省橡皮山段的 G109,设计交通量 2 500 辆/昼夜(混合交通量),交通量平均增长率 $r=7.66\%$,设计年限为 12 年。冬季道路严重冻胀,导致路面鼓包、隆起;春季则严重翻浆,严重影响车辆的行车舒适性及安全。

本项目实施过程中,注重了科研成果与工程实际的密切结合,选取了 5 种防冻胀翻浆效果较好的路基路面结构形式,并分别在 G109 线橡皮山段、S205 线玛积雪山段修建了 7 段试验段。其中:

(1)G109 线 K2178+000~K2178+200 试验段在防冻胀翻浆中应用了砂砾垫层,其断面结构如图 3 所示。

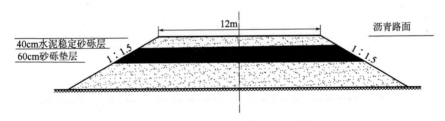

图 3 G109 线 K2178+000~K2178+200 试验段断面结构

(2)G109 线 K2178+450~K2178+500 试验段在防冻胀翻浆中应用了碎石垫层+隔水土工膜的方法,断面结构如图 4 所示。

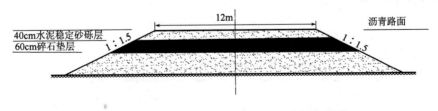

图 4 G109 线 K2178+450~K2178+500 试验段断面结构

(3)S205 线 K90+325~K90+825 试验段在防冻胀翻浆中应用了砂砾垫层,其断面结构如图 5 所示。

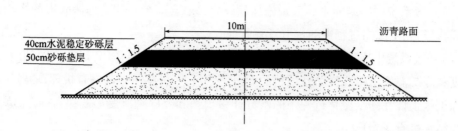

图5 青海省S205线K90+325~K90+825试验段断面结构

(4)S205线K92+113~K93+613试验段在防冻胀翻浆中应用了碎石垫层,其断面结构如图6所示。

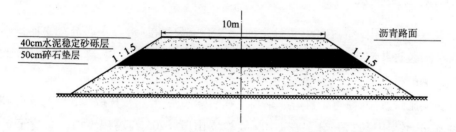

图6 青海省S205线K92+113~K93+613试验段断面结构

(5)S205线K95+011~K95+511试验段在防冻胀翻浆中应用了隔水土工膜,其断面结构如图7所示。

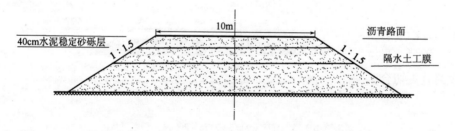

图7 青海省S205线K95+011~K95+511试验段断面结构

(6)S205线K96+321~K97+821试验段在防冻胀翻浆中应用了砂砾垫层+隔水土工膜的方式,其断面结构如图8所示。

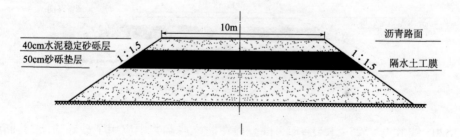

图8 青海省S205线K96+321~K97+821试验段断面结构

(7) S205 线 K98+763~K99+763 试验段在防冻胀翻浆中应用了碎石垫层+隔水土工膜的方式,其断面结构如图9所示。

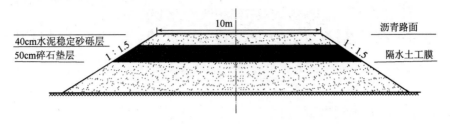

图9 青海省 S205 线 K98+763~K99+763 试验段断面结构

G109 线 K2178+000~K2178+200 试验段与 G109 线 K2178+450~K2178+500 试验段于2009年12月修建,S205 线试验段于2010年10月修建,根据修建以来的跟踪观测及相关监测数据分析可知,砂砾垫层、碎石垫层、隔水土工膜、砂砾+隔水土工膜以及碎石+隔水土工膜都具有隔水排水效果,都能削弱地下水上升的毛细通道,有较好的防冻胀翻浆效果。

五、经济社会效益

本项目在国内外首先开展动荷载作用下路基的冻胀、龟裂与翻浆冒泥机制、动荷载作用下路基典型填料冻胀与融解弱化性标准研究,提出了公路路基抗冻胀变形设计理论,并分析总结了温度、荷载、压实状况对其的影响,并就荷载作用下冻胀和融沉翻浆过程中的水分迁移规律进行了探讨,根据土质、水、温度、荷载的影响,有针对性地分别提出了公路路基冻胀翻浆病害防治的有效措施,对于季冻区公路翻浆病害的处治提供了技术保证。项目虽难度较大,但更能切合有车辆行驶的公路实际运行状况,所得成果自然比过去静力作用下的结果更能反映现象的本质。本项目成果将填补公路规范与设计相关领域理论的空白,使我国公路、特别是高速公路的建设拥有更切合实际的科学参数与设计理论。

青海高寒地区县乡公路低成本路面结构研究

项目编号：2008 318 795 46
任务来源：交通部西部交通建设科技项目
承担单位：青海省交通科学研究院
　　　　　　中国人民解放军理工大学
研究人员：徐安花　李志刚　房建宏　孙芦忠　李愉平　李清泉　刘应德
　　　　　　庞友师　郑文娟　樊　军
评价时间：2013 年 11 月 21 日
评价水平：国内领先

一、项目研究背景及必要性

随着我国西部大开发战略的实施，高速公路网建设已经达到了一个新的高度。公路建设下一步的主要任务是建设以通达深度和广度为目标的低等级县乡公路网，这些低等级县乡公路在我国公路网中发挥着极其重要的作用，其质量对一个地区经济的发展具有相当重要的影响。

县乡公路交通量小，车辆轴载较轻，所在地区经济较为落后，投资综合效益低。受资金限制的影响，这些低等级县乡公路存在技术等级低、线形差、路面标准低、抗病害能力弱等一系列问题。青海地处高海拔地区，太阳辐射强，年平均气温低，昼夜温差大，气候环境非常恶劣，这对县乡公路路用材料、结构形式等提出了更高的要求。

由于一些设计人员对低等级公路的重视程度不够，这些道路的设计存在一定的盲目性。其结果是：一些路面设计过分保守，造成了较大的经济浪费；另一些路面设计则由于设计方法不当或厚度不足而过早产生破坏，也造成了很大的损失。

我国当前对于低等级县乡公路缺乏规范的技术标准，还没有针对农村地区的实际情况，根据不同地区县乡公路特点建设符合农村实际需要的公路，并缺乏对县乡公路发展的技术指导。因此，探讨高寒地区县乡公路路面典型结构的设计方法对于青海省乃至我国县乡公路的建设及发展具有重要的历史及现实意义。

二、研究内容

本项目主要根据青海省县乡公路的使用现状,结合高寒地区的气候特征、交通特点,提出适合青海地区县乡公路的路面结构、材料类型等,总结出典型结构设计方法,并推荐典型结构形式,从而更好地指导青海省县乡公路的建设,节约修筑资金,减少运营养护费用,加速县乡公路的普及。

1. 主要研究内容

(1) 县乡公路使用现状调查分析

对青海省县乡公路交通特点、路面结构形式、筑路材料和病害原因等进行调查分析,为本项目研究提供事实依据和技术支持。

(2) 沥青路面力学分析

针对沥青路面损坏模式,分别对级配砂砾基层和水泥稳定砂砾基层的路用性能进行具体分析,提出其适用的不同场合和施工控制指标。

(3) 水泥稳定砂砾混合料室内力学性能试验研究

研究分析水泥剂量、外加剂(GRJ)、水泥添加次序、砂砾的级配组成等因素对水泥稳定砂砾的抗压强度、劈裂强度、冻融劈裂强度和抗疲劳性能的影响。

(4) 水泥稳定砂砾混合料收缩性能试验研究

研究分析水泥剂量、外加剂(GRJ)对干缩和温缩特性的影响。

(5) 沥青混凝土路面面层混合料室内试验

对三种沥青混合料进行目标配合比设计,对比分析各项性能指标,为试验段的生产配合比设计做准备。

(6) 水泥混凝土路面力学分析

针对水泥混凝土路面损坏模式,分别对不同尺寸板的温度应力和荷载应力进行分析,同时分析基层强度、面层脱空对面层底部弯拉应力的影响。

(7) 水泥混凝土面层配合比设计

对混凝土混合料进行配合比设计,对比分析外加剂(GRJ)、减水剂、水泥种类对抗折强度的影响,为试验段生产配合比设计做准备。

(8) 结构适应性分析

结合高寒地区的气候特征和交通特点,分析不同面层材料、基层材料、垫层材料在不同场合的适应性。

(9) 依托工程实施与效益分析

根据结构分析和室内试验结果,设计试验路段。

(10) 典型结构设计

针对青海省县乡公路的实际使用情况,总结出典型结构设计方法,推荐典型结构形式。

2. 实施方案

(1) 调研省内外县乡公路建设中的典型路面结构形式,调查总结青海省县乡公路的路面使用状况及存在的问题。

(2) 根据气候环境、地质条件、路面结构设计、施工等诸多因素,结合现有公路破坏状况,分析造成路面破坏的主要原因。

(3) 进行路面基层常见地方材料的稳定处治方法研究,在实验室模拟寒冷地区气候条件,进行 GRJ 稳定材料配合比设计与性能试验,从而研制出新型的适应于高寒地区县乡公路的 GRJ 稳定材料以及多孔砂砾基层结构。

(4) 根据调研结果,结合青海省高寒地区县乡公路交通量的组成特点,进行高寒地区县乡公路路面结构组合及典型结构研究。

(5) 进行高寒地区县乡公路路面施工技术研究。结合工程实际,选择已列入青海省建设计划的果洛州公路工程,重视试验路方案设计与施工质量控制。试验段结构的布置既要考虑有研究的学术意义,更要考虑将来推广应用的可能性。

(6) 邀请有关专家、学者对研究成果进行咨询、指导。

(7) 根据已有研究成果和本项目研究成果,综合分析,撰写课题研究报告和《青海高寒地区县乡公路低成本路面设计与施工技术指南》。

三、研究成果

本项目的研究将依托青海省县乡公路的建设、使用及病害状况,对低等级县乡公路的使用现状进行调查,分析县乡公路存在的问题、难点;结合高寒地区的气候特征、交通量特点,提出合适的低等级县乡公路的路面结构、材料类型等,从而更好地指导青海省县乡公路的建设,节约修筑资金,减少运营养护费用,加速推进县乡公路建设。同时在低等级县乡公路典型路面结构方面做一些探讨,提出县乡公路设计的新思路,以便总结出更加符合青海省实际情况的道路设计、修筑方法,使县乡公路在节约资源的情况下更好、更长久地发挥其功能。

通过对多条典型的高寒地区低等级公路路面状况进行深入调查和分析,从结构特点和材料性能上分析了水泥路面和沥青路面在高寒地区不同气候条件下的适应性,并对基层材料的选择与设计做了重点研究,提出了西部高寒地区低等级公路的典型结构。

1. 主要研究成果

(1) 详细分析了高寒地区低等级公路病害(图1)发生原因,通过路面结构力学分析和材料性能试验进一步总结了不同路面结构材料在高寒地区的适应性。建议在高寒多雨地区,道路等级为三级,交通等级为中等且有较多重载的公路,推荐采用半刚性基层水泥或沥青路面;其他情况公路沥青路面可以考虑砂砾基层密级配沥青混凝土面层,水泥路面应采用半刚性基层。而在高寒干旱地区,沥青路面与水泥路面均可,只是根据道路等级和荷载情况做好基层、面层材料的选择。

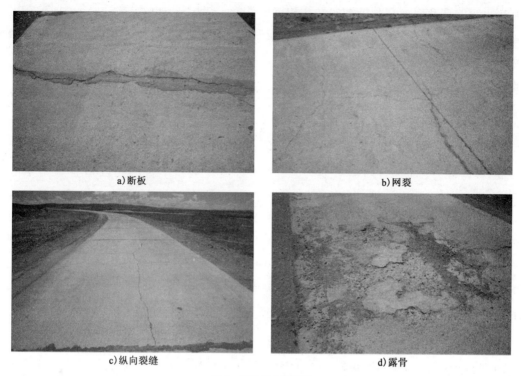

图 1 病害的主要类型

（2）针对高寒地区气候特色和低等级公路材料和施工水平较低的状况,在保证性能的前提下,将一种新型水泥激发剂 GRJ 用于水泥稳定天然砂砾和水泥混凝土。试验证明该添加剂可以使天然砂砾水泥用量在 3% 时达到规范规定强度要求,而不使用该添加剂则需要 4% 的水泥剂量,降低了成本和水稳砂砾的收缩。水泥混凝土添加 GRJ 后,同水泥用量情况下可增强强度,也可通过降低水泥用量达到同等性能却节约造价。

（3）在高寒多雨地区原设计指标无法表征水损冻害,因此大量室内试验研究证明,可采用 28d 冻融劈裂强度作为水稳砂砾混合料设计的验算指标,当冻融劈裂强度残留比大于 90% 为合格。参考沥青混合料冻融劈裂试验和水泥稳定粒料抗冻性试验方法,总结了 28d 冻融劈裂强度试验方法,试验结果如图 2 所示。

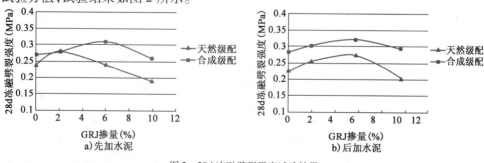

图 2 28d 冻融劈裂强度试验结果

（4）对于水泥混凝土路面，基层失稳、脱空会引起面层的应力急剧增大，造成面层断裂，因此基层材料的选择应注重其抗冲刷性能和抗冻性能。级配砂砾基层抗冲刷能力差，在重复荷载作用下会产生较大的残余变形，引起面层脱空、失稳，因此粒料类基层不适宜作为水泥混凝土路面的基层，特别是在多雨地区，更应采用半刚性基层，试验路效果也说明了这个问题。

（5）对于薄面层沥青路面，基层作为承重层，作用非常关键。对于以轻轴载为主的路段，可以考虑直接采用级配砂砾作为基层。对于含有一定比例重载车辆的路段，由于级配砂砾基层对重载很敏感，结构强度不足易导致结构变形过大，面层遭到破坏。而半刚性基层的强度高，板体性好，对应力的扩散能力强，因此对含有重载车量的路段适宜采用半刚性基层。

（6）通过对室内2种不同级配（规范中值和天然级配）混合料在不同水泥剂量下的大量强度试验，结合高寒地区低等级公路施工工艺水平和造价因素，推荐使用天然级配、水泥剂量3%的水稳砂砾混合料作为半刚性基层的主要混合料类型。通过添加水泥剂量2%的水泥激发剂GRJ来达到规范强度的要求。在水泥混凝土中同时添加1.5%的减水剂和2%的GRJ，既提高了水泥混凝土面层的抗折强度，又减少了面层的干缩开裂。

2. 重点创新性成果

（1）将青海分成高寒多雨和高寒干旱两个地区，并划分了五个交通等级，分别给出了典型结构。

（2）在水泥稳定砂砾和水泥混凝土掺加了一种水泥激发剂GRJ，室内试验证明该添加剂能全面提升水稳砂砾和水泥混凝土的路用性能，并能节约造价。

（3）研究了水稳砂砾冻融劈裂试验方法，并将28d冻融劈裂强度作为高寒多雨地区水稳砂砾混合料的设计指标，使设计的水稳砂砾更能适应高寒多雨地区。

四、成果应用情况

本项目依托班玛县城至翁沟三级公路和达日县吉迈镇至德昂乡四级公路。班玛县城至翁沟三级公路，位于果洛州班玛县境内，海拔在3 700m左右，为青海省重要的一条出省通道。达日县吉迈镇至德昂乡四级公路，位于达日县境内，路线起点K0+000位于吉迈镇，接西久公路K577+660处，终点德昂乡政府K72+418.6，属巴颜喀拉山山河源山原草甸区地貌，地形自西南向东北倾斜，平均海拔3 800m以上。

工程实施过程中，紧密结合交通部西部交通建设科技项目《青海高寒地区县乡公路低成本路面结构研究》成果，在班玛县城至翁沟三级公路和达日县吉迈镇至德昂乡四级公路均修建了试验段，如图3所示。

1. 班玛县城至翁沟三级公路试验路

试验路路面基层于2011年9月20日开始施工，2011年10月2日全部铺筑完成，起讫桩号K72+100~K73+700,全长1.6km。试验路基层设计为水泥GRJ稳定天然砂砾,其水泥掺量为3%,GRJ掺量为水泥的2%,现场采用路拌法进行铺筑,经现场控制和检测各项指标满足规范要求。

图3 试验工程修建情况

水泥混凝土路面在2011年9月24日至10月9日完成,试验段共分5段,各试验段具体分布情况如图4所示。

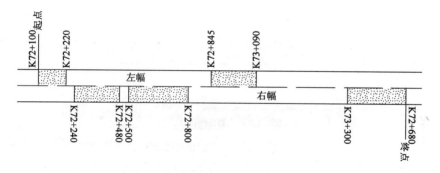

图4 水泥混凝土路面试验段分布图

路面结构一:路面结构采用方案一,如图5所示。试验段起讫桩号:K72+100~K72+220(左幅),长度120m。

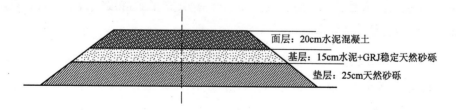

图5 路面结构方案一

路面结构二:路面结构采用方案二,如图6所示。试验段起讫桩号:K72+240~K72+480(右幅)、K72+500~K72+800(右幅),全长540m。

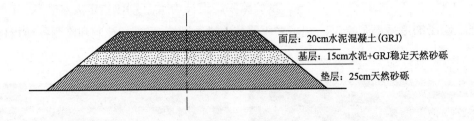

图 6　路面结构方案二

路面结构三:路面结构采用方案三,如图7所示。试验段起讫桩号:K72+845~K73+090(左幅),长245m。

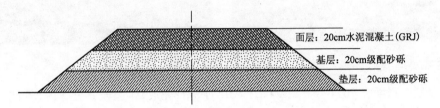

图 7　路面结构方案三

路面结构四:路面结构采用方案四,如图8所示。试验段起讫桩号:K73+300~K73+680(右幅),长380m。

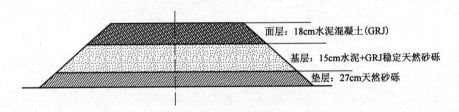

图 8　路面结构方案四

经调查,试验路段水泥混凝土面层表面较平整密实,施工缝搭接紧密、平顺,其宽度、水泥混凝土面层厚度均满足设计要求。

2. 达日县吉迈镇至德昂乡四级公路试验工程

里程桩号 K26+830~K28+400,长1.57km,其中:

路面结构一:路面结构为 AC-13,试验工程起讫桩号:K26+830~K27+400,全长570m。

路面结构二:路面结构为 AC-16,试验工程起讫桩号:K27+400~K27+900,全长500m。

路面结构三:路面结构为 AM-13,试验工程起讫桩号:K27+900~K28+400,全长500m。

经现场实际查看,全线沥青混凝土面层表面较平整、密实,路面无裂缝、修补等现象,其宽度、厚度均满足设计要求。

五、经济社会效益

项目结合高寒地区的气候特征、交通量特点以及试验路工程的修建,提出了合适的低等级县乡公路的路面结构、材料类型等,从而能更好地指导青海省县乡公路的建设,节约修筑资金,减少运营养护费用,加速县乡公路的普及,具有良好的经济和社会效益。

1. 降低工程造价,提高投资效益

本项目的最大特色在于充分利用青海当地路用材料,形成具有良好路用性能的公路路面,并且可以减薄结构层厚度,降低工程造价,具有较高的性能价格比;而且随着路面性能的提高,延迟早期病害的出现,延长路面使用寿命并降低养护费用,大大节省了人力、物力与财力,进一步提高青海乃至西部农村公路的工程质量与投资效益。

2. 县乡公路建设依靠科技降低成本、保证质量,为青海地区新农村建设提供强有力的保障

可进一步改善路网状况,大大改善农村的环境和农民的生产生活条件,有力助推新农村经济发展和农民观念更新,满足全面建设社会主义新农村要求,具有很大的经济和社会效益。

基于气候变化条件下冻土地区高等级公路路基变形控制设计理论

项目编号： 2011 319 795 110
任务来源： 交通运输部应用基础研究项目
承担单位： 青海省交通科学研究所
中国科学院寒区旱区环境与工程研究所
研究人员： 房建宏　李东庆　徐安花　张　坤　王翠玲　周家作　马裕博
刘　磊
评价时间： 2014年4月24日
评价水平： 国际先进

一、项目研究背景及必要性

经过历年来的大量工程调查、勘探与现场实体监测资料表明，由于气候变化和工程建筑物实体条件的综合作用，多年冻土区的路基变形是以沉降变形为主，路基下多年冻土的融化使路基产生不均匀下沉。路基病害的主要表现形式为：路基的横向倾斜变形、阳坡路基变形过大而引起的纵向裂缝与路基开裂、纵向凹陷与波浪沉陷。路基病害主要发生在高含冰率的高温冻土地段，究其原因是路基下地温逐年升高所致。1990年调查结果表明，格尔木至拉萨段穿越520多公里多年冻土路段，路面破坏累计已达343km，病害率高达66%。1991—2001年沥青混凝土路面下多年冻土上限变化勘探资料揭示，10年来青藏公路大多数路段沥青混凝土路面下多年冻土人为上限都在下降，特别是高温高含冰率路段，下降幅度达4m左右。据统计85%的路基破坏为融化下沉，15%为冻胀和翻浆，桥梁和涵洞破坏形式主要为冻胀。冻土路基变形还与土体年平均地温和冻土工程条件有关，年平均地温高于-1.5℃，路基变形随年平均地温升高而剧烈变化，冻土路基变形主要发生于高含冰率路段，且含冰率越大，融化下沉变形量也越大。各类严重路基病害发生路段，绝大部分都在年平均地温高于-1.5℃的地区。在年平均地温低于-1.5℃的地区，不但路基相对稳定，路基病害也很少发生。这也就是说，稳定和准稳定性多年冻土路基的病害相对较小，而不稳定和极不稳定路段的病害较为严重。本项目通过研究冻土路基冻胀和融沉的发生机理，提出控制路基变形的多种实用措施和设计方法，进而为高海拔冻土区高等级公路路基防冻融设计、路基变形控制设计与工程应用数值计算方法奠定理论基础。目前,对气候变化下冻土内温度、水分、应力及变形互相作用的理论仍然不成熟,冻土冻胀和融沉机理不够深入,缺乏准确严密的冻土路基变形控制理论及方法。

随着经济的发展,青藏高原地区高等级公路建设已迫在眉睫。由于宽幅沥青路面的强烈吸热和封闭作用会严重影响其下部多年冻土热状态和稳定性,因此,在气候变暖的背景下青藏铁路所使用的块石路基、通风管路基和保温层路基结构是否适用于青藏高原地区的高等级公路,仍需要开展大量的研究工作。

二、研究内容

项目主要针对高海拔冻土区的高等级公路建设需要,着重研究揭示高海拔冻土区路基的冻胀、融沉成因,阐明其路基冻胀、融沉变形的机理和特征,并提出控制路基变形的多种实用措施和设计方法,进而为高海拔冻土区高等级公路路基防冻融设计、路基变形控制设计与工程应用数值计算方法奠定理论基础。通过本项目的实施,完善冻胀和融沉理论,提出有效的工程应用数值计算方法,达到提高高海拔冻土区道路建设技术和质量的目的。

主要研究内容如下:

(1)开展高海拔冻土地区高速公路路基填料的特征分析与冻胀敏感性土的土体冻胀特性研究。给出冻土和融土热物理参数的统一数学表达,提出相变的处理方法,建立土在冻融过程中温度场的数学模型。采用适当的边界条件,对天然地面下季节性冻土温度场进行计算,并与实测值进行对比以检验数学模型和计算方法的有效性。考虑全球升温的因素,计算50年内季节性冻土地区公路路基温度场的变化,讨论升温效应对于最大融化深度的影响。给出冻土和融土热物理参数的统一数学表达,提出相变的处理方法,建立土在冻融过程中温度场的数学模型。采用适当的边界条件,对天然地面下季节性冻土温度场进行计算,并与实测值进行对比以检验数学模型和计算方法的有效性。考虑全球升温的因素,计算50年内季节性冻土地区公路路基温度场的变化,讨论升温效应对于最大融化深度的影响。

(2)研究高海拔冻土地区高等级公路路基与结构相互作用的水—热—力耦合作用模型,考虑外载、自重以及温度作用的水分迁移驱动力,提出冰透镜体生成的判断准则和冰透镜体生长的描述方法。从理论上分析车载作用下的冻胀、融沉机理,拓展工程应用数值计算方法。测定冻土水分特征曲线;分析温度分布、温度梯度、温度变化率与水分迁移量、冻胀量、冻胀速率、冻结速率之间的关系,结合已有研究成果和相关计算软件建立简化的水—热—力三场耦合数值计算模型。根据数值计算结果进行定性分析,讨论水分迁移的规律,然后在此基础之上详细讨论水分迁移驱动力和迁移速率。通过对比试验得到不同荷载下不同时刻的含水率、温度、位移数据,对它们进行比较,得到水分迁移规律的经验公式,并提出能够直接使用水分迁移速率表达式的水热耦合数学模型。

(3)测试外界条件变化下冻土内温度、水分、应力及变形,通过数值模拟冻土内水热力的变化情况,分析冻胀、融沉的机理。以此进一步研究高海拔冻土地区高速公路路基冻胀、融沉变形的控制技术。1973年Harlan.R.L提出正冻土中的热质迁移模型,给冻土的水热耦合问题研究启发了新思路,此后各国学者先后建立了不同的模型并采用数值计算方法和室内外试验对冻土水热力的相互作用及变化规律进行了研究。

(4)研究基于气候变化条件下高海拔冻土地区高等级公路路基温度状态的调控理论与技术措施,从理论上分析路基与大气、垫层和基层温度之间的相互作用机理,提出可能的调控和抑制路基冻胀、融沉的措施与途径。给出冻土地区路基温度状况调控理论与技术措施,开展普通路基、块石路基、通风管路基和通风管—块石、热管—XPS等两种结构组合路基的高等级公路热稳定性综合分析和评价。

三、研究成果

由于宽幅沥青路面的强烈吸热和封闭作用会严重影响其下部多年冻土热状态和稳定性,因此,在气候变暖的背景下青藏铁路所使用的块石路基、通风管路和保温层结构路基是否适用于青藏高原地区的高等级公路,仍需要开展大量的研究工作。项目在对冻土冻胀和融沉机理研究的基础上针对多年冻土区高等级公路设计中采用的块石路基、通风管路基和热管—XPS两种结构组合的复合型结构路基等在青藏高等级公路建设中的适用性、降温效果及对气候变暖背景下的长期热稳定性进行预测研究,以期为青藏高等级公路的修建提供科学依据,确保多年冻土区高等级公路的安全运行,从而进一步促进青海和西藏地区的经济发展。研究结果无论是对冻胀和融沉理论的发展,还是对我国高海拔冻土区道路的建设技术和质量提高都具有重大意义。

在总结国内外相关研究成果的基础上,先后分别对普通路基降温效果、通风管路基降温效果、封闭块石路基降温效果、通风管-封闭块石复合路基降温效果、热管—XPS复合路基降温效果、热管路基降温效果和XPS保温路基降温效果等七方面进行研究,得出如下结论:

1. 普通路基降温效果研究

(1)未来50年年平均气温上升2.6℃背景下,天然上限由初始的0.97m下降到第50年的1.31m,在50年里共下降了0.34m。天然上限始终高于普通路基上限。普通路基冻土上限下降幅度大,由初始的0.92m下降到第50年的2.95m,在50年内下降了2.03m。

(2)在未来50年年平均气温分别上升2.6℃的背景下,普通路基都不利于保护其下部的多年冻土,其下部多年冻土严重退化,严重影响高等级公路路基的稳定性。因此,在多年冻土地区修建高等级公路时,不宜采用普通路基结构,必须通过增加保护措施来保护下部多年冻土,从而确保路基的稳定性。

2. 通风管路基降温效果研究

(1)在未来50年年平均气温分别上升2.6℃的背景下,天然上限始终低于普通通风管路基，但高于普通路基下上限。普通通风管路基下冻土上限由初始的 0.84m 下降到第 50 年的 0.97m。

（2）上限的变化表明在未来 50 年年平均气温上升 2.6℃ 背景下，普通路基下冻土退化严重，上限下降幅度大，不利于冻土的稳定性。普通通风管路基可以降低其下部土体温度，对下部多年冻土上限有较大的抬升作用，始终高于初始天然上限，起到了保护下部多年冻土的作用，然而，在长时期内，普通通风管路基坡脚处会出现隔年融化夹层，影响路基的稳定性，因此，升温较高的情况下，在多年冻土区建设高等级公路时，需要考虑增加保护措施或者选用其他结构形式来保证路基的长期稳定性。

3. 封闭块石路基降温效果研究

（1）在未来 50 年年平均气温上升 2.6℃ 的条件下，封闭块石基底路基下的冻土上限始终高于通风管路基和通风管—封闭块石复合路基，低于热管—XPS 复合路基。封闭块石基底路基下的冻土上限在 50 年内变化较小，在路基修筑完的第 2 年，路基下上限为 0.16m，之后上限抬升，在第 5 年和第 10 年的上限为 0.12m，到了第 50 年下降到 0.15m。

（2）在未来 50 年年平均气温分别上升 2.6℃ 的背景下，封闭块石基底路基降温效果明显，可以降低下部冻土温度，路基下部冻土上限提升较大，能够很好地保护其下部的多年冻土，但在气温逐渐升高的影响下，封闭块石基底路基下部多年冻土温度也逐渐升高。普通通风管实体路基如图 1 所示。路基遮阳棚技术如图 2 所示。

图 1　普通通风管实体路基

图 2　路基遮阳棚技术

4. 通风管—封闭块石复合路基降温效果研究

（1）在未来 50 年年平均气温上升 2.6℃ 的条件下，通风管—封闭块石复合路基下的冻土上限始终高于通风管路基和普通路基，低于封闭块石基底路基和热管—XPS 复合路基。通风管—封闭块石复合路基下冻土上限由初始的 0.55m 下降到第 50 年的 0.90m，历经 50 年共下降了 0.35m。

（2）在未来 50 年年平均气温分别上升 2.6℃ 的背景下，通风管—封闭块石复合路基降温效果较好，可以降低下部冻土温度，提高路基下部冻土上限，对下部的多年冻土起到保护作用，但在气温逐渐升高的影响下,通风管—封闭块石复合路基下部多年冻土温度也逐渐升高。

5. 热管—XPS复合路基降温效果研究

(1)在未来50年年平均气温上升2.6℃的条件下,热管—XPS复合路基下冻土上限高于普通路基、热管路基、XPS保温路基、通风管路基、封闭块石基底路基和通风管—封闭块石复合路基,由第2年的-0.46m上升到第5年的1.81m,自第10年起逐年下降,到第50年路基下冻土上限为-0.09m。

(2)在考虑未来50年年平均气温升高2.6℃的条件下,在一定时期内,热管—XPS复合路基可以有效降低其下部多年冻土温度,提高路基下冻土上限,对下部多年冻土起到一定的保护作用,但随着气温逐渐升高,路堤填土和坡脚处反压护道下部多年冻土中有融化核出现,对路基整体稳定性会产生不良影响。

6. 热管路基降温效果研究

(1)在未来50年年平均气温上升2.6℃的条件下,热管路基下冻土上限始终高于普通路基、普通通风管路基和XPS保温路基下冻土上限,与通风管—封闭块石复合路基下冻土上限接近,热管路基下冻土上限由第2年的0.56m下降到第50年的0.96m,50年共下降了0.4m。

(2)在考虑未来50年年平均气温升高2.6℃的条件下,在一定时期内,热管路基可以有效降低其下部多年冻土温度,提高路基下冻土上限,对下部多年冻土起到一定的保护作用,但随着气温逐渐升高,路堤填土和坡脚处反压护道下部多年冻土中有融化核出现,将影响路基整体稳定性。

7. XPS保温路基降温效果研究

(1)在未来50年年平均气温上升2.6℃的条件下,XPS保温路基下冻土上限始终高于普通路基下冻土上限,并与天然上限变化趋势相似,由初始的0.81m下降到第50年的1.36m,路基下冻土上限下降幅度较大。

(2)在考虑未来50年年平均气温升高2.6℃的条件下,XPS保温路基下冻土退化严重,隔年融化核较大,严重影响高等级公路路基的稳定性。

四、成果应用情况

项目开展先后选取位于青海省橡皮山段的109国道中的监测断面进行温度场计算,对214国道中的普通路基和普通通风管路基温度场进行前期的数值模拟,建立214国道中的封闭块石基底路基和通风管—封闭块石复合路基对流换热的数学模型,采用214国道改建工程设计中的热管—XPS复合路基实际路基段面结构为计算模型。

项目在总结国内外冻土区公路路基变形设计理论研究的基础上,以国道109线橡皮山段和214国道不同路基形式为研究对象,通过对该地段现场调研,结合路基修筑结构,利用中国科学院寒区旱区环境与工程研究所冻土实验室自行研制的试验仪器,揭示高海拔冻土区路基的冻胀、融沉成因,阐明其路基冻胀、融沉变形的机理和特征,并提出控制路基变形的多种实用措施和设计方法,为高海拔冻土区高等级公路路基防冻融设计、路基变形控制设计与工程应用数值计算方法奠定理论基础。埋设水分管如图3所示。水分观测如图4所示。

图3 埋设水分管

图4 水分观测

五、经济社会效益

1. 延长高寒地区高等级公路使用寿命,降低成本,提高收益

通过本项目研究可为未来多年冻土区高等级公路的修筑提供技术支撑,既保证多年冻土区高等级公路的建设质量,又可大大降低日后的养护维修费用,极大地节约人力、物力和财力。进一步提高多年冻土区道路使用品质。使我国多年冻土区公路、特别是高速公路的建设拥有更加切实实际的理论参数和科学依据。

2. 高等级公路的修筑对生态环境的影响程度降至最小

通过对设计及施工方法的优化来保护生态环境,将工程对周围环境的影响程度降至最低,避免了对高寒冻土区脆弱生态环境的严重影响,同时意味着降低了对生态环境恢复的费用。

黄河上游青海段连续通航关键技术研究

项目编号：2011 328 363 1180

任务来源：交通运输部西部科技项目

承担单位：青海省水路运输管理局

长沙理工大学

研究人员：赵连龙　蒋昌波　夏　波　俞永春　赵利平　冯延浩　胡世雄
银伯宁　黄伦超　程永舟　王苏荣　谭　杰

评价时间：2015 年 12 月 9 日

一、项目研究背景及必要性

本研究以黄河上游青海段的航运建设开发为背景，黄河上游青海段集发电、航运、灌溉、养殖、旅游等资源于一身，极具综合开发利用的价值。本项目将在全面调查黄河上游青海段的航运建设航运现状的基础上，深入分析碍航原因及其影响因素，全方位探讨影响渠化河流通航的深层次内在矛盾，包括在工程技术、管理体制与运行机制等方面的问题，提出复航对策措施。主要解决问题及目标是：全面调查和分析黄河上游青海段的航运现状与碍航原因；研究解决黄河上游青海段航运建设的重点技术难题；提出确保航运畅通的对策措施，包括体制机制和运行管理等方面的对策措施。

二、研究内容

本课题以依托工程为背景，拟开展如下专题研究：

1. 碍航滩险及整治方案研究

本专题主要开展依托工程的碍航特征及整治方案研究，合理确定航道主要尺度，其主要内容如下：

（1）无长期观测水文资料的河道水文条件计算分析；

（2）沿程主要滩险的碍航特征分析；

（3）库区航道等级及航道尺度研究；

（4）船舶主要尺度分析及标准化船型研究；

(5)航道整治方案及技术参数研究。

2. 非恒定流特性及其对通航条件的影响研究

本专题主要开展水库调度情况下的航道水流泥沙运动规律研究,分析其对通航影响,其主要内容如下:

(1)库区长河段一维数学模型研究;

(2)重点滩险二维数学模型研究;

(3)电站调峰与泄洪对坝区和航道水流流态影响研究;

(4)枢纽下游航道水流泥沙运动规律研究。

3. 高原库区航道整治的生态技术研究

本专题以目前正在实施的航运工程为背景,开展高原库区航运工程建设的生态环境问题及生态技术研究,主要内容如下:

(1)高原库区生态脆弱区航运工程建设生态环境问题辨识;

(2)适合高原库区水域的生态整治建筑物研究;

(3)适合高原库区水域的生态边坡工程技术研究。

三、研究成果

本项目3个专题研究是一个整体,各专题又相对独立,成果之间相互验证。

专题一:碍航滩险及整治方案研究

1. 依托工程河段碍航特性分析

积石峡库区航道的碍航主要会存在以下几个方面:河床的纵向变化;溪沟来沙侵占航道;水电站调峰运用对航运影响初步分析;库区山体滑坡及崩塌对航运影响分析。

2. 船舶主尺度分析及标准化船型研究

(1)研究方法主要有层次分析法和模糊综合评价法;

(2)黄河青海段设计代表船型尺度确定。

评价模型计算结果表明,拟定的标准化船型对航道的适宜程度均处于较好和很好之间,符合本地区船舶营运的需要,可作为黄河青海段设计代表船型(表1)。

设计代表船型 表1

船 型	60客位2.5t货	100客位5t货	100客位客船	100t货船
总长	16.6	19.8	23.0	45.0
水线长(m)	16.0	19.0	22.0	—
型宽(m)	4.0	4.4	5.0	5.5
型深(m)	1.4	1.4	1.4	—

续上表

船　型	60客位2.5t货	100客位5t货	100客位客船	100t货船
满载吃水(m)	0.9	0.9	0.9	1.0
载客量(人)	60	100	100	
载货量(t)	2.5	5.0		100.0
水面以上高度(m)	7.1	7.1	7.1	

3. 库区航道等级及航道尺度研究

通过水量、河道条件分析,水深确定为1.2m较为合理。而航道的底宽,需要进一步分析其合理性。本研究拟定3个航道尺度方案,分别为:

(1)方案一:1.2m×25.0m×180.0m(水深×航道底宽×弯道半径);

(2)方案二:1.2m×30.0m×180.0m(水深×航道底宽×弯道半径);

(3)方案三:1.2m×35.0m×180.0m(水深×航道底宽×弯道半径)。

4. 航道整治方案及技术参数研究

(1)航道设计参数的确定

航道设计参数通常包括最高和最低设计流量(水位)及通航保证率,本专题重点对最低设计水位(流量)及通航保证率的确定进行研究。

①通航保证率

通航保证率是决定设计流量(水位)的一个重要参数,通航保证率应根据整治河段的河性、经济发展对航运的需求、河道的自然条件、航道现状及整治的可能性、经济性等条件来确定。

②设计最低通航流量

黄丰水电站单机下泄流量为307m³/s,黄丰电站至积石峡水电站区间内无较大的支流汇入,由此确定黄丰—积石峡两坝间航道设计最低通航流量为323m³/s(图1)。

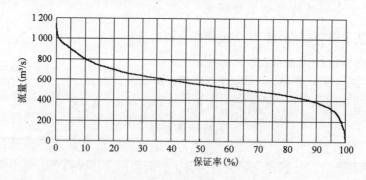

图1　循化水文站1999—2009年流量保证率图

③设计最低通航水位

本研究专题二建立了黄丰水电站下2km的托坝村至积石峡水库大坝间45km航道的一维

水流数学模型,利用该模型,可计算设计最低通航流量下沿程水面线(图2),并确定沿程各断面的设计最低通航水位(表2)。

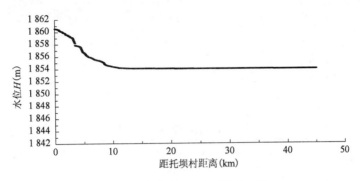

图2　设计最低通航流量下沿程水面线

设计最低通航水位(黄海基准)　　　　　　　　表2

位置	托坝	县城码头	清水湾	库区
水位(m)	1 860.51	1 854.00	1 854.00	1 854.00

(2)整治工程技术参数的确定

①整治流量(水位)的确定

本专题对整治水位和整治流量的分析与推求,运用两种方法进行分析比较。

a. 造床流量法

根据循化水文站1999—2010年水文资料,点绘 $Q \sim Q^2P$ 关系曲线(图3),由此可推求其第二造床流量为575 m^3/s,根据循化水文站流量水位关系(图4),查得第二造床流量对应的水位为高出设计水位0.5m。

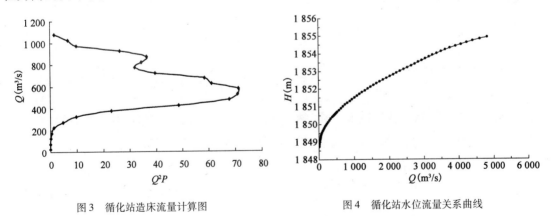

图3　循化站造床流量计算图　　　　图4　循化站水位流量关系曲线

b. 多年平均流量法

多年平均流量法采用多年平均水位或与多年平均流量的相应水位为整治水位,该水位一般接近平滩水位。因此,本河段整治流量取为575 m^3/s,整治水位为设计水位以上0.5m。

②整治线宽度

整治线宽度是指在整治水位时设计新河槽的水面宽度,对于冲积性河流来说,整治线宽度及整治建筑物高度是相互依存的,而建筑物高度与计算流量相应的水位密切相关。

a. 理论计算法

根据《航道整治工程技术规范》(JTJ 312—2003),整治线宽度按水力学公式计算。

$$B_2 = \frac{Qn}{H_2^{\frac{5}{3}} J^{\frac{1}{2}}}$$

计算结果见表3。

水力学方法计算整治线宽度　　　　表3

$Q(m^3/s)$	n	$H_2(m)$	$J(\%)$	$B_2(m)$
575	0.04	0.85	0.103	97.80

综合上述成果,原工程设计取整治线宽度为100m。表4为河流动力学方法计算的整治线宽度。

河流动力学方法计算的整治线宽度　　　　表4

K	$B_1(m)$	$H_1(m)$	η	$H'(m)$	y	$B_2(m)$
1	158.00	1.10	0.85	1.20	1.30	108.60

可见,每种计算方法都有一定的应用条件,使用时应根据整治河段的特性,结合河床演变分析及整治原则,选择能保证设计流量下航深的一种最经济的宽度及坝高作为本河段整治参数。

b. 经验分析法

整治线宽度是否合理,对整治措施的成效影响很大。在理论计算的基础上,结合积石峡库区河段实际情况,综合考虑优良河段法可以得出的本河段的整治线宽度为100m。

专题二:非恒定流特性及其对通航条件的影响研究

1. 非恒定流对通航条件影响分析

(1)循化水文站非恒定流概化

根据2010年水位实测资料,将非恒定流过程概化为出现概率较高的三峰三谷典型波形,三峰三谷流量变幅为613~1 095m³/s。非恒定流过程概化如图5所示。

①流量沿程变化特征

图6为各概化峰型在向下游传播过程中流量变化过程线。由图6可知流量沿时程变化的特征如下:各波峰流量Q_{max}基本沿程减小,各波谷流量Q_{min}在同一时间沿程增大,峰形大体呈沿程衰减趋势;峰形尖瘦沿程衰减快,峰形肥胖沿程衰减慢,但差别不十分明显。

②波形沿程变化特征

各概化波形水位沿时程变化计算中,以循化水文站水尺水位过程为上边界条件,下游水位控制为积石峡水库正常水位1 854m,概化波形下各水尺断面水位日变化过程如图7所示。由图可以看出,非恒定流在向下游的传播过程中波形不变,水面波动减小,波形具有逐渐坦化的趋势;但河段尾部受地形影响,水尺断面水位日变化过程趋于一致。

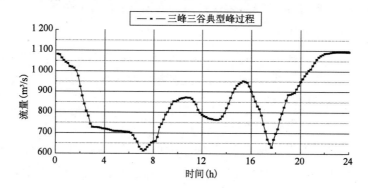

图5 循化水文站非恒定流概化日流量过程

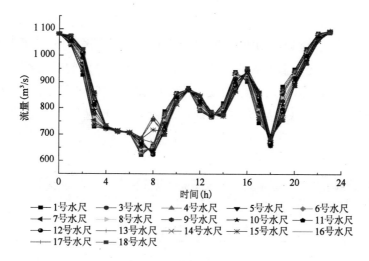

图6 三峰三谷各水尺断面流量日变化过程

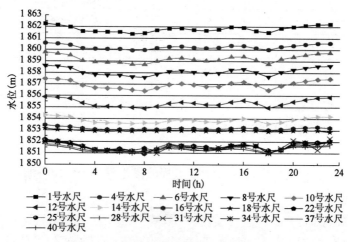

图7 三峰三谷各水尺断面水位日变化过程

(2)非恒定流对通航条件影响分析

①流量变化对通航条件影响：

基流增加对通航有利；日调节波波谷流量沿程增加对通航有利。

②水位变化对通航条件影响

流量变幅愈大相应水位变幅亦愈大。流量变幅沿程逐渐衰减，但在计算河段内衰减幅度不大，直到计算区域出口（库区末端）仍保持一定变幅；水位变幅沿程虽大致呈递减趋势，但由于库区末端水深增加，到计算区域出口水位变幅已趋于零。

③附加水面坡降对通航条件的影响

根据三峰三谷的概化波形计算结果，瞬时水面坡降在白天时间段相对稳定基流（相当于日平均流量）最大增加130%。显然，船舶上行时，坡降阻力增加，对航行产生不利影响。

2. 黄河积石峡库区河段重点滩险整治工程效果研究

自黄丰电站下游2km托坝村至黄河积石峡水库大坝，航道长约45km。该河段包括35km常年回水区河段（清水庄至积石峡水库大坝）和10km变动回水区河段（循化托坝村至清水大庄）。其中库区常年回水区航道水深基本都在7m以上，具有良好的通航条件；变动回水区河段地形复杂，存在弯曲分汊河段，浅滩交错分布，泥沙运动及河床演变均十分复杂，最小水深处仅0.8m且水流流态差，船舶通行困难。10km变动回水区河段是积石头峡库区航道整治工程中的重点和难点。

(1)计算工况的确定

根据青海省水路运输管理局提供的水文资料、积石峡库区航道通航工程可行性研究报告，模型选取5个工况，具体见表5。

整治工程水流特性试验工况表　　　表5

序号	流量 $Q(m^3/s)$	出口水位 $H(m)$	观测项目	备注
1	323	1 854	流速、水位	设计最低通航流量
2	575	1 854	流速、水位	整治流量
3	575	1 856	流速、水位	整治流量
4	1 000	1 856	流速、水位	一年一遇洪水流量
5	1 770	1 856	流速、水位	设计最高通航流量

(2)整治工程后河段水流特性

①水深特征

图8、图9为整治工程实施后各级流量下工程河段水深图，图10为整治流量下工程河段航道沿程水深变化图。

②水面线、比降（图11）

③流速流态（图12、图13）

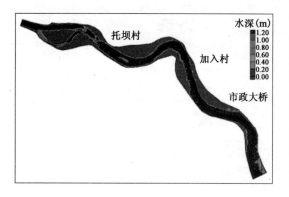

图 8　工程后河道水深图（$Q=323\text{m}^3/\text{s}$）

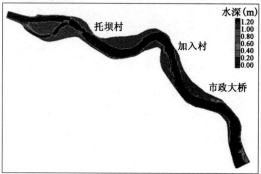

图 9　工程后河道水深图（$Q=575\text{m}^3/\text{s}, H=1\,854\text{m}$）

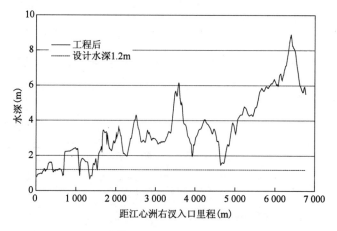

图 10　工程后河段航深图（整治流量 $Q=575\text{m}^3/\text{s}, H=1\,854\text{m}$）

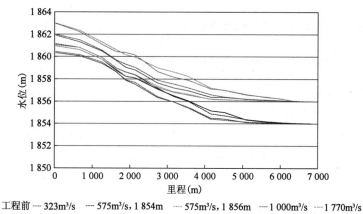

图 11　各级流量下整治工程前后沿程水面线变化

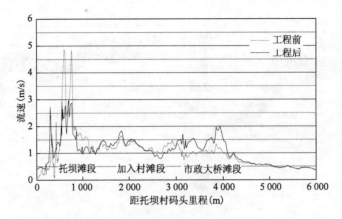

图12 工程前后航槽流速对比图($Q = 323 \text{m}^3/\text{s}$)

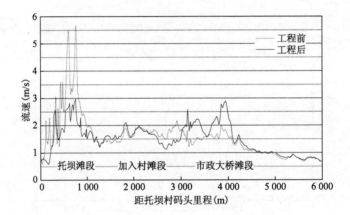

图13 工程前后航槽流速对比图($Q = 575 \text{m}^3/\text{s}, H = 1\,854\text{m}$)

综上所述,工程实施后研究河段水流条件有一定的提高,局部水深得到增加,水面比降有一定的减缓,水流流态得到改善,但是局部河段还要进一步提高。

专题三:高原库区航道整治的生态技术研究

1. 生态环境系统现状评价——以积石峡航运建设为例

(1)水环境质量现状

①积石峡航道水质现状评价

积石峡航道各断面水质总体情况处于尚清洁状态,除清水湾断面只有 TN 一项略有超标,超标倍数为 1.06 倍外,其余断面各项指标均满足《地表水环境质量标准》(GB 3838—2002)Ⅱ类水质标准的限值。由监测数据对照《地表水环境质量标准》(GB 3838—2002),采用单项指标超标法,对积石峡航道水质状况进行初步评价可知,除清水湾断面为地表水环境质量Ⅲ类水外,其余断面水质均达到地表水环境质量Ⅱ类水质标准。

②积石峡航道底泥现状评价

现场实测数据表明,积石峡航道底泥的中值粒径为 0.013mm,平均粒径 0.029mm,要远小于西安某大型饮用水水源水库底泥颗粒的粒径。这主要是航道上游龙羊峡水库蓄水后,拦截了上游大量的粗沙,使下游河道悬沙明显细化。

(2)生物群落结构现状

浮游植物群落结构:经过定性分析,积石峡段浮游植物共检测到7门50种属,其中绿藻门21种属,硅藻门18种属,蓝藻门4种属,金藻门3种属,甲藻门2种属,裸藻门和隐藻门各1种属。定性样品中未见黄藻门种类。

(3)水土流失分析

积石峡水库入库泥沙由上游公伯峡水库的出库沙量及公伯峡至积石峡坝址区间来沙量两部分组成。积石峡坝址上游有公伯峡水电站,该库为日调节运用的大型水库,库容为5.5亿 m^3,入库沙量为720万t,库沙比为94。由于电站为日调节运用,水库运行水位较高且稳定,对入库泥沙有显著的拦蓄作用,入库泥沙基本淤积在库内,仅有少部分细颗粒泥沙排出库外。据公伯峡水电站初步设计分析,水库运用50年平均年下泄泥沙量为34万t。

2. 适合高原库区水域的生态治理技术研究

(1)水污染生态治理技术

航道建设对水质的污染主要集中在3处,首先是疏挖过程中底泥污染物的释放会导致疏挖区及其下游1 500m范围内的水体发生轻度污染。其次是丁坝坝田间由于水流流速的急剧降低,会发生明显淤积,淤积泥沙污染释放导致坝田内水质污染,水质处于Ⅳ类标准。最后是运营期间码头和船舶上产生的污水,如不经净化直接排入航道容易造成水质污染。由于疏挖导致的污染在疏挖结束后即自行消失,水污染生态治理主要针对后两处进行。

(2)水土保持生态修复技术

水土保持分区:积石峡航道整治工程所在地以山区为主,地形起伏,水土流失的防治责任范围地貌形态较为单一。因此仅以工程施工工艺、生产方式和特性等为主要依据,划分成以下5类水土流失防治类型区:

①航道整治防治区,包括筑坝、护岸及护滩带工程区;
②弃土抛泥防治区;
③施工场地防治区;
④施工便道防治区;
⑤配套设施防治区,包括航道管理站区、航标区。

(3)生物多样性恢复技术

①疏挖过程中底栖动物的异位保护:异位保护场所的选择;异位保护措施的实施。
②鱼类保护技术措施。

从以下几个方面开展减缓补救措施:减缓阻隔效应的措施;鱼类资源及生态环境监测措施;开展人工增殖放流;栖息地保护;鱼类生态习性、人工驯养和繁育技术研究。

3. 高原库区水域的生态整治建筑物研究

反滤型组合生态护岸的生态整治效果研究如下：

(1) 抗风浪侵蚀效果研究

抗风浪侵蚀试验在长沙理工大学水利中心的水槽中进行。试验装置如图14所示。水槽 $L \times B \times H = 10.0m \times 0.5m \times 1.2m$，波浪由造波机实现，固定波高0.3m。

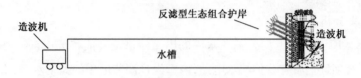

图14 反滤型组合生态护岸抗侵蚀试验装置

不同冲刷时间下，反滤型组合生态护岸的侵蚀总量见表6。

模拟装置抗侵蚀试验结果　　　　表6

侵蚀时间(h)	1	3	5	7	9
悬浮物量(g)	388	425	461	487	501
侵蚀率(%)	0.222	0.243	0.263	0.278	0.291

由于水柳和反滤层的消能效果，模拟装置表现出良好的抗风浪侵蚀能力。当连续风浪作用9h时，最大侵蚀率也只有0.291%。从表中还可以看出，侵蚀最主要集中发生在开始的1h内，这主要是因为，在初次冲刷时，土工袋内泥沙颗粒级配尚未稳定。当经过一定时间冲刷后，风浪对泥沙具有一定的水力分级效果。

(2) 水土保持与水质净化效果研究

水土保持与水质净化试验在长沙理工大学水利中心的雨水径流模拟场地进行。

反滤型组合生态护岸装置见图15。模拟人工降雨强度为20mm/h，降雨历时4h。人工降雨依次经过竖向土工袋、粗砂箱、卵石箱和碎石箱，最后进入雨水收集箱。

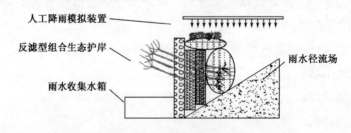

图15 反滤型组合生态护岸水土保持试验装置

反滤型组合生态护岸具有较强的水土保持效果和较显著的水质净化效果。试验条件下，对雨水中的悬浮物拦截率高达97.3%，同时对COD、氨氮和TN的去除率都在80%左右。经过净化后的雨水，水质基本上达到了《地表水环境质量标准》(GB 3838—2002)的Ⅴ类标准了。考虑到实际上雨水的水质要明显优于试验用水，同时本试验中采用的降雨强度较大，因此，在一般降雨过程中，反滤型生态组合护岸的水质净化效果应该会更好。

四、成果应用情况及产生的效益

1. 项目研究已应用于依托工程建设设计

课题以积石峡上游航运工程为研究对象,开展相应的研究,通过资料收集、现场勘测和数学模型,计算确定积石峡上游航道等级及尺度,设计其整治方案并提出生态工程技术的建议,项目的开展紧密结合积石峡上游航运工程的规划和设计。

2. 依托工程实施后经济、社会效益显著

依托工程实施后,将大大缓解当地交通不便的局面,给人民群众的生活带来方便,加强各民族之间的联系交往与团结和睦;促进地区旅游事业和地方经济的发展,为振兴黄河上游水运事业提供技术支撑;经济、社会效益显著。

3. 项目研究成果具有推广应用价值

项目研究针对技术难点,通过数据采集,采用分析对比、数学模型、物理模型试验研究等综合研究手段,获得了黄河青海段连续通航航道整治技术较为系统的成果,不仅直接应用于依托工程,还可以为今后黄河上游库区航道航运工程建设和其他类似工程建设提供借鉴,具有推广应用价值。项目验收会场景如图16和图17所示。

图16　项目验收会全景

图17　项目验收会

青海省循环经济模式下的综合交通运输规划研究

项目编号：2008-353-363-430
任务来源：交通运输部联合科技攻关项目
承担单位：青海省交通科学研究院
　　　　　　长沙理工大学
研究人员：徐安花　杨　明　张　宏　周　骞　房建宏　苏　标　张立业
　　　　　　朱　灿　叶　鸿　谢正亮　许　怡　孙志杰
评价时间：2012年12月25日
评价水平：国内先进

一、项目研究背景及必要性

随着《综合交通网中长期发展规划》的深入贯彻、"国民经济和社会发展第十二个五年规划纲要"的出台以及"十二五"中国交通运输可持续发展战略的选择，交通运输作为国民经济和社会发展的基础性产业，其发展过程中出现了许多急需解决的问题，如不断扩大的交通需求受资源约束的现象愈发明显；交通运输环境污染问题逐渐显现；交通服务水平有待提高等问题。

交通问题的治理首先应从源头避免或减少，即从规划的层面避免或减少问题的发生。结合以上交通运输面临的问题，说明资源、环境等外部性因素已成为限制交通运输发展的约束条件，构建协调发展的综合交通运输体系已成为未来交通运输发展的战略目标。鉴于我国交通运输基础设施总量不足、运输能力趋紧的现状，各交通运输方式的基础设施建设仍处于网络形成时期。新时期的交通运输发展应当摒弃以牺牲资源、环境为代价的粗放型发展方式，而应当采取集约、节约的交通运输发展方式。这就要求在编制交通结构平衡发展的综合交通运输规划时，要统筹考虑资源、环境的约束条件。然而循环经济发展模式是一种以减少资源利用、降低环境污染为目标的发展模式，因此循环经济模式下的综合交通运输规划研究符合社会经济与交通运输未来发展的趋势，可以有效地指导交通运输良性发展。

青海省被誉为"千水之源，万山之祖"，是我国的高原生态屏障。其"生态立省"的发展战略,要求交通运输业的发展要以资源、环境、生态为约束条件,粗放式的交通发展模式必然要被集约高效的发展模式所取代。青海省富含丰富的矿产资源,发展综合交通运输势在必行。而循环经济作为一种物质能量梯次利用和闭路循环的生态经济,可以在发展经济的同时与资源、生态、环境相协调。用循环经济的理论指导综合交通运输规划,可以在源头减少对资源的浪费和生态环境的破坏。所以,青海省循环经济模式下的综合交通运输规划研究具有重大的理论意义和实践意义。

二、研究内容

项目首先论述循环经济模式下的交通运输规划研究的背景及意义,分析国内外循环经济的研究现状以及国内外研究循环经济与交通规划联系的现状。然后详述循环经济及交通规划的基础理论以及青海省交通运输与社会经济发展的现状,并做出社会经济与交通发展的预测。进而,分别进行基于循环经济模式下的综合交通运输系统规划体系框架研究、青海省循环经济模式下的交通网络设计模型研究、青海省循环经济模式下的综合交通枢纽布局研究以及青海省循环经济模式下的交通系统综合评价。最后,结合现状与规划研究,给出相应的政策与建议。

重点研究内容包括:

1. 西部地区循环经济模式下的综合交通运输系统规划体系框架研究

在基于循环经济的基础上结合《四区两带一线发展规划》《青海省公路水路交通运输"十二五"发展规划研究》《玉树灾后恢复重建规划》《青海省高速公路网规划》《青海省干线公路网规划》及现状路网提出了"三横四纵"交通系统规划。青海省综合交通布局应围绕"三横四纵"为公路主骨架的设想,重点予以强化和完善,相应建设民航机场、铁路、水运和管道等运输方式,逐步形成区域安全畅通的综合交通网络。

2. 交通供求互动关系研究

交通系统的运行水平影响交通需求的产生,从而引起土地利用特征的变化,而土地利用特征的改变,也将引起交通空间需求的变化,促进交通系统的不断调整,引起交通线网格局、交通密度特征及其交通模式的改变。因此,构建交通需求与交通网络一体化均衡配置优化模型及路网优化方法,即同时实现交通需求与交通网络的供需均衡以及交通网络自身的用户均衡,以期在优化土地资源利用的同时优化设计交通网络。

3. 各种交通运输方式协调衔接关系研究

在循环经济的基础上建立综合交通运输系统规划体系框架,构建综合交通运输网络和规划综合交通枢纽时要统筹规划、合理布局。通过完善公路网络和提高公路等级、各种交通运输方式之间实现"无缝衔接",提高交通运输效率;通过提高综合交通运输信息化平台的综合能力与信息共享水平及复用能力,采用对发展循环经济有利的管理技术来达到综合交通运输系统管理服务的资源循环再生;通过提高科学技术达到能源节约、寻找替代能源,同时加大废旧车船等的回收利用工作力度。

4.西部地区循环经济模式下的交通运输体系综合评价方法与指标研究

由于综合交通运输系统非常复杂,其网络、枢纽的布局受到许多因素的影响。这些因素是不可能全部通过定量模型来分析的,需要通过综合评价手段来反映这些因素对交通运输系统的影响。

三、研究成果

项目首先在循环经济与综合交通规划研究背景、意义及国内外研究现状的基础上,提出了青海省循环经济模式下综合交通运输规划研究的技术路线。循环经济与交通规划的基础理论研究,阐明了本研究遵循的理念和理论。结合既有政策、规划及政府文件,在分析青海省社会经济与交通运输现状的基础上,采用统计学方法预测了社会经济与交通运输的发展趋势。结合交通需求预测分析、政策导向及既有路网,明确了青海省循环经济模式下的综合交通系统规划目标及约束条件,在此基础上提出了以"三横四纵"交通大通道和以西宁、格尔木为主枢纽组成的综合交通运输系统框架规划。在参阅大量文献资料的基础上,提出了现有路网适应性评价的指标体系,并用于评价青海省现有路网的适应性;构建了以交通需求与交通网络一体化均衡配置优化模型、网络局部优化设计、网络整体优化设计为核心的循环经济模式下的交通网络设计方法,并用于指导青海省交通网络规划,实现了土地资源与交通网络相互引导、不断优化的战略目标。根据既有数据,分别从局部和整体评价了现有枢纽站场规模和布局的适应性;在传统枢纽布局方法的基础上构建了基于空间分析的枢纽布局模型,并用于指导青海省综合交通枢纽布局规划,实现了枢纽最大化覆盖与较优可达性的协调统一。结合层次分析法与灰色关联度法,对规划思路进行评价,证明了规划思路的可行性。还结合政策、规划导向提出了社会经济发展与交通运输发展的建议。

1.社会经济发展特色

从经济发展、结构调整、民生改善、人口资源环境四个方面,各地区、各部门要通过实施调整宏观调控方向和力度,完善市场机制和利益导向机制,创造良好的政策环境、体制环境和法制环境,综合运用多种经济政策,打破市场分割和行业垄断,激发市场主体的积极性和创造性,有效合理引导社会资源的配置。玉树地震灾后,给了我们很多启示,特别要加强防震减灾工作的意识。根据《国务院关于进一步促进青海等省藏区经济社会发展的若干意见》(国发[2008]34号,以下简称国务院34号文件)精神,总结出经济社会发展的相关政策措施包括以下几点:

(1)加强基本农田保护和建设,积极支持土地整理开发工作。
(2)促进土地结构优化,服务经济社会发展。
(3)加强地质勘查,摸清资源家底。

(4)加强统筹规划,促进优势矿产资源开发。

(5)加强地质环境保护,防治地质灾害。

(6)加强基础测绘工作,提高服务保障能力。

(7)加强人才培养和队伍建设,改善工作条件。

2. 循环模式发展

青海是个资源大省,近年来在资源综合开发、废弃物利用、清洁生产等方面进行了积极的实践和探索,有力促进了循环经济的开展。要保证循环经济的发展,必须建立和完善法律法规体系。制定有利于循环经济发展的政策措施,是发展循环经济的动力之源。增强公众循环经济的意识和参与的积极性,是发展循环经济的基础所在。构建不同层次的组织体系,是发展循环经济的必经之路。注重发挥社会中介服务组织的作用,是发展循环经济的重要举措。加强宣传教育,加快建立循环生产技术体系,发展循环经济型生态农业,突出发展重点,加快制定推进循环经济发展规划,加强废物回收利用,积极开展城市循环经济试点工作。保护与开发并重,大力推进生态工程建设。以矿产循环发展为突破口,不断提高资源综合利用水平。加强组织领导,形成发展循环经济的管理体制机制。强化政策导向,营造发展循环经济的法制环境。用循环经济的理念和原则,规划青海经济社会发展战略。

3. 综合交通发展

当前和今后一个时期,交通行业科学发展的方向和思路是,以科学发展观为统领,统筹交通建设与运输服务协调发展,统筹城乡区域交通协调发展,统筹交通与资源环境协调发展,统筹各种运输方式协调发展,坚持以人为本,强化创新意识,转变发展方式,走资源节约、环境友好型交通发展道路,更好地服务于全省经济和社会发展,服务于社会主义新农村新牧区建设,服务于人民群众安全便捷出行,为建设富裕文明和谐新青海做出新的贡献。

2030年综合交通运输系统规划框架如图1所示,2030年交通需求饱和度分析如图2所示。

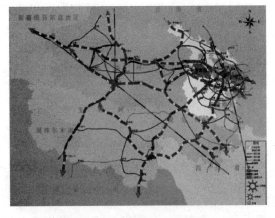 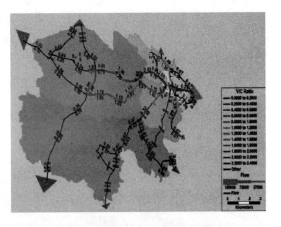

图1　2030年综合交通运输系统规划框架图　　　　图2　2030年交通需求饱和度分析图

在今后的发展中,青海省的交通建设还应该继续在干线公路建设、农村公路建设以及汽车站点和港航建设上加大力度。综合交通的发展要实现跨越发展、绿色发展、和谐发展、统筹发展。具体来说,包括以下几个方面:

(1)坚持质量速度结构效益相协调,加强项目建设管理。

(2)坚持建养管运并重,全面加强农村公路建设。

(3)加强运政基础业务管理,提升运输市场和交通行业安全监管水平。

(4)依靠科技进步,切实转变交通增长方式。

(5)深化管理体制和运行机制改革,提高行业管理水平。

(6)加强行业文明和党风廉政建设。

4. 产业结构调整

产业结构主要指纺织业、钢铁产业、化工产业、轻工业、物流业、新材料产业、有色金属产业和装备制造业,首先是纺织业调整和振兴,全面落实国家各项政策措施,全省各相关部门要进一步加强沟通协调,切实做好国家政策的落实工作。加大财政对技术进步及技术改造投入力度,重点用于项目前期、自主创新和技术进步、技术改造贴息和节能减排等方面,结合国家制定的支持产业发展税收政策和我省实际,研究制定相关财税配套政策,支持重点产业发展;加强金融服务与支持;加大对重点技术改造、节能技术改造、节能减排和重点项目建设的信贷支持,保证项目建设;完善落后产能退出机制,严格实行节能减排、淘汰落后问责制,对不符合规定,属于高耗能、高排放的项目,各部门不予办理任何手续。

5. 节能减排

交通节能具有重要意义,应对全球性能源环境问题迫切要求强化交通节能减排,建设资源节约型、环境友好型社会迫切要求加快建设节能型交通,推动交通科学发展、加快转变交通发展方式迫切要求大力,提升交通行业能源利用效率。

(1)强化节能组织领导,加强组织领导和统筹协调,建立节能目标责任制和问责制。

(2)提升节能监管能力,建立健全交通行业节能规划体系,完善交通行业固定资产投资项目节能评估和审查制度,完善节能法规标准体系,完善节能监管体系,完善节能统计体系,完善节能监测考核体系。

(3)完善节能激励政策,制定和实施促进节能的交通产业政策,建立健全交通节能投融资机制,积极争取有关的节能财税优惠政策。

(4)创新节能管理制度,探索以市场机制为基础的节能新机制,建立健全交通行业能效标识、节能产品认证及目录管理制度,建立交通节能信息发布制度。

(5)加强节能科技管理,加大交通节能技术研发、示范与推广的组织力度,加强交通节能标准规范基础研究,建立交通节能技术服务体系,加强交通节能技术国际交流与合作。

(6)加强交通节能技术国际交流与合作,注重节能宣传引导,提升节能理念,强化教育培训,提高从业人员节能素质,建设节约型机关,发挥政府交通部门的节能减排表率作用。

四、成果应用情况

《青海省循环经济模式下的综合交通运输规划研究》提出了路网适应性评价的指标体系,并用于评价青海省现有路网的适应性;从局部和整体评价了青海省现有枢纽站场规模和布局的适应性;在传统枢纽布局方法的基础上构建了基于空间分析的枢纽布局模型,并用于指导青海省综合交通枢纽布局规划,实现了枢纽最大化覆盖与较优可达性的协调统一;明确了青海省循环经济模式下的综合交通系统规划目标及约束条件,提出了以"三横四纵"交通大通道和以西宁、格尔木为主枢纽组成的综合交通运输系统框架规划。2011—2020年路网规划如图3所示,2011—2030年路网规划如图4所示。

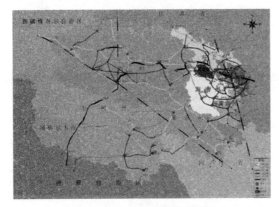

图3 2011—2020年路网规划图

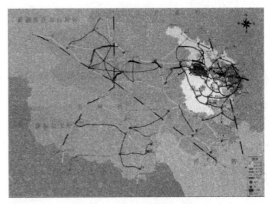

图4 2011—2030年路网规划图

以《青海省循环经济模式下的综合交通运输规划研究》为主要依据,青海省交通厅组织编写了《青海省公路水路交通"十二五"发展规划》,在"规划"的编制过程中,依据《青海省循环经济模式下的综合交通运输规划研究》确定的青海省循环经济模式下的综合交通系统规划目标及约束条件,合理的提出了青海省"十二五"期公路、水路交通发展的主要目标,对强化青海省交通行业管理、提高交通运行效率、改善交通运输服务、保障交通安全,指导青海省公路、水路交通"十二五"期间的建设和发展具有重要意义。

五、经济社会效益

青海省被誉为"千水之源,万山之祖",是我国的高原生态屏障。其"生态立省"的发展战略,要求交通运输业的发展要以资源、环境、生态为约束条件,粗放式的交通发展模式必然要被集约高效的发展模式所取代。青海省富含丰富的矿产资源,发展综合交通运输势在必行。而循环经济作为一种物质能量梯次利用和闭路循环的生态经济,可以在发展经济的同时与资源、生态、环境相协调。用循环经济的理论指导综合交通运输规划,可以在源头减少对资源的浪费和生态环境的破坏。所以,青海省循环经济模式下的综合交通运输规划研究具有重大的理论意义和实践意义。

青海省公路建设项目后评价指标体系与方法研究

项目编号： 2008-353-363-440
任务来源： 交通运输部联合科技攻关项目
承担单位： 青海省交通科学研究所
　　　　　　长沙理工大学
研究人员： 房建宏　卢　毅　徐安花　张　欢　张　宏　张谨帆　蔡晨光
　　　　　　李　珏　李　理
评价时间： 2012 年 12 月 25 日
评价水平： 国内领先

一、项目研究背景及必要性

近年来，随着我国经济的高速发展，国家对西部大开发的力度不断增强，对青海省基础设施的投资不断加大。青海省公路建设进程不断加快，公路通车里程不断增加，实现了跨越式发展。公路建设已经成为青海西部大开发的标志性成就。西部大开发十年以来，青海省高速公路不仅实现了零突破，在近两年内青海省还启动了总投资额近 200 亿元的 11 条高速公路建设项目，西宁到海北、海南、海西、黄南、玉树等五州和格尔木市均通高速公路。截至 2010 年底，青海全省公路通车总里程达到 62 185km，其中，高速公路和一级公路 444km，二级公路 5 351km，公路密度达到 8.62km/百 km²。

青海省公路建设项目要求按质按量完成，并与地方经济、社会、环境、等因素和谐发展，就需要有后评价体系的把关。目前，我国建设项目后评价理论滞后于实践的状况还比较严重，项目后评价工作还存在许多问题，主要表现在四个方面：一是项目后评价机构的建立还不完善，缺乏一个权威的中央评价机构对全国后评价工作进行领导和管理。二是项目后评价理论的研究不扎实、较分散、不系统。三是项目后评价指标体系的研究缺乏权威性。四是项目后评价方法的研究缺乏创新性。此外，青海省公路建设起步晚，后评价项目少，其自然条件、社会条件更是有别于中东部地区，所以现有的公路建设项目后评价理论体系应用于青海省公路建设后评价有其不足之处。

因此，有必要在《公路建设项目后评价报告编制办法》所确定研究框架的基础上，根据青海省地处中国西部地区的特点，对后评价研究内容作必要的补充和完善，从而提出针对性强、可操作性强的研究成果。可从青海省公路建设项目环境影响后评价、社会经济后评价、技术后评价、可持续性后评价、交通量实用预测技术、综合后评价、公路建设项目后评价管理模式和反馈机制的方法九个方面展开研究，为青海省公路建设项目后评价工作提供有力的理论依据和方法指导。

二、研究内容

（1）对后评价交通量预测的机理、技术手段以及预测所需要的数据等内容分别进行阐述，并结合青海省典型公路的具体案例，进行说明。

（2）以定量指标为主，探讨青海省公路建设项目过程后评价指标体系设置的原则。

（3）在介绍社会影响评价的概念与目的基础上，阐述青海省公路建设社会影响的主要内容，总结公路社会影响评价的特点及在进行公路项目社会影响评价时应遵循的基础原则。对青海省公路建设项目社会影响评价指标进行构建，并对评价的方法与评价标准进行说明。最后对青海省公路建设项目的社会经济影响的评价结果进行总结分析。

（4）对青海省建设项目效益后评价的特殊性进行分析。建立青海省公路建设项目财务效益后评价指标体系和公路建设项目国民经济效益后评价指标体系。

（5）根据青海省环境的特殊性，对公路环境后评价的评价指标做全面的阐述，结合青海省地域特点，建立一个系统有效的系统评价指标体系。

（6）对青海省公路建设可持续发展后评价理论进行研究，分别从经济可持续发展评价、社会可持续发展评价、技术可持续发展评价、环境可持续发展评价以及可持续发展评价方法等方面对公路建设可持续发展后评价理论进行了说明，并对公路建设可持续发展影响进行分析。

（7）对青海省公路建设项目技术后评价的基本框架进行论述。提出青海省公路网络技术评价的相关概念，对青海省公路的技术性能进行评价。

（8）对青海省公路建设项目建设过程、融资方案、财务效益、国民经济效益、环境效益、社会效益以及可持续发展评价的理论与方法进行探讨和研究。

（9）从后评价管理机构设置、后评价运行机构、后评价保障措施以及后评价反馈机制四个方面分别对后评价机制进行阐述研究，为青海省公路建设后评价工作机制确立与完善指引了方向。

课题组成员在前期调研的基础上，深入广泛进行青海省公路现场调查研究，充分了解现状，收集整理有关资料。借鉴外省后评价成功经验，分析仍存在的问题及不足之处。在充分调研的基础上，重点对公路建设项目评价指标体系的构建、指标的计算方法、交通量实用预测技术、综合后评价、公路建设项目后评价管理模式和反馈机制的方法等几个方面展开研究。在

《公路建设项目后评价报告编制办法》所确定研究框架的基础上，根据青海省地域的特点，对后评价研究内容作必要的补充和完善，从而提出针对性强、可操作性强的研究成果。具体研究技术路线如图1所示。

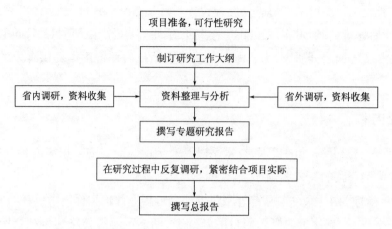

图1 青海省公路建设项目后评价指标体系与方法研究技术路线

三、研究成果

通过对青海省公路建设项目后评价的分析，得出以下研究结论：

（1）公路建设项目不仅在经济上取得突出效益，在社会影响上也获得深远影响，实现了社会、经济与环境的协调发展。对项目经进行效益评价之后，得出公路建设项目国民经济效益显著，财务效益较为理想，有利于实现公路建设项目在青海这一特殊的西部环境下的可持续发展目标。

（2）在促进青海当地的交通运输业的发展也起到积极的作用。青海公路建设项目的兴建，推动了青海公路网的发展，提高了公路运输业的效率，为客运快速化、货运物流化运输体系的发展创造了条件，从而促进青海省综合运输结构的优化。

（3）在改变传统产业及产业结构升级上也有明显的带动作用。青海公路，尤其是高等级公路的运营，可以使本省的产业结构多元化，服务型产业日益增多，所占比例也逐步上升，产业组织体系相应得到调整，与公路运输和产业密集分布所适应的新型产业组织体系逐步形成，产业技术梯度不断升高。

（4）公路建设作为公共民生工程，对劳动力的转移和就业创造了大量的机会。从公路建设项目的规划设计到项目施工的前、中、后期，最后到公路修建完成之后的养护管理，在这个过程中都需要人工参与。如马平高速建设工程共用844.8万工日，直接提供就业3万多个就业岗位。

（5）公路建设项目环境影响是一种多指标、多层次的复杂系统评价问题。本课题在环境影响指标体系建立过程中，采用多方位、多角度筛选指标（图2），建立了包括自然环境和社会环境指标构成的指标体系(表1),根据此指标体系和所选用的物元分析评价模型,经过计算,得到青海公路建设项目环境影响评价结果属于比较良好的状态。

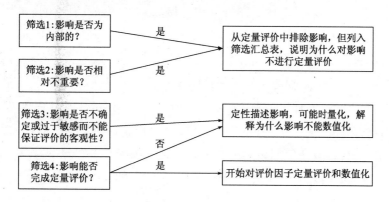

图2 青海省公路建设项目环境影响后评价因子筛选过程

青海省高速公路环境后评价指标体系　　　　　　　　　　表1

评价目标	环境类别	指标类型	具体指标
青海省公路建设项目环境影响后评价	自然环境	生态环境	生物种类的多样性
			重要水源涵养区
			土地利用
			植被绿化
			文物古迹及自然景观
		大气环境	一氧化碳(CO)
			氮氧化物(NO$_x$)
			悬浮颗粒(TSP)
		声环境	交通噪声
		水环境	地表水与地下水
			水污染负荷指数
			水土流失
	社会环境	社会发展	居民出行及文化交流
			社会安定及民族团结
			交通设施及运输业发展状况
		经济发展	产业结构变化
			资源开发利用(土地、矿产、旅游等)
			居民生活质量

(6)对青海省公路建设可持续发展后评价理论进行研究,分别从经济可持续发展评价、社会可持续发展评价、技术可持续发展评价、环境可持续发展评价以及可持续发展评价方法等方面分别对公路建设可持续发展后评价理论进行了说明,并对公路建设可持续发展影响进行分析。公路建设可持续发展的影响因素主要分为内部条件和外部条件两个方面;建立了DAGF

算法的综合评价体系,以青海省公路建设为依托对其可持续发展情况进行后评价,得出相应的评价结论。

(7)提出了青海省公路网络技术评价的相关概念,对青海省公路的技术性能进行评价。青海地处高原冻土区,恶劣的地质条件对路基、隧道施工造成比较严重的负面影响。因此在施工过程中,要根据青藏高原的地质特点、沿线的自然特征对路基、隧道工程进行合理的设计和施工。在施工组织过程中,根据施工效果同预期效果进行比对,对公路的技术性能进行评价。构建了青海省公路安全技术评价体系。随着公路通车里程的增长,道路条件引发的交通事故日益增加。因此对公路安全技术进行评价是青海省公路建设项目技术后评价的一个重要方面。最后,采用集值统计数学模型建立相关评价体系,针对青海省公路的特点进行集值统计与分析,从定性分析与定量分析两个方面对青海省公路建设项目安全技术进行评价。

四、成果应用情况

丹东至拉萨国道主干线青海境内马场垣~平安段高速公路于2001年5月9日正式开工建设。该项目全长83.87km,双向四车道,全封闭全立交,设计行车速度为100km/h,路基宽26m。项目在实施过程中从工程、社会、经济、环境等方面对马场垣~平安段高速公路进行了综合评价,尤其对交通量、财务评价、社会效益方面进行定量分析,为青海高速公路的科学决策提供了思路。从青海省公路建设项目环境影响后评价、社会经济后评价、技术后评价、可持续性后评价、交通量实用预测技术、综合后评价、公路建设项目后评价管理模式和反馈机制的方法九个方面展开研究,取得了一批重要的研究成果,并将相关研究成果成功应用于马场垣~平安高速公路项目后评中,取得了较好的效果,其可为青海省路建设项目后评价工作提供有力的理论依据和方法指导。

五、经济社会效益

项目从青海省公路建设项目环境影响后评价、社会经济后评价、技术后评价、可持续性后评价、交通量实用预测技术、综合后评价、公路建设项目后评价管理模式和反馈机制的方法九个方面展开研究,并取得了一批重要的研究成果,可为青海省路建设项目后评价工作提供有力的理论依据和方法指导。研究成果的应用和推广将为青海省公路建设项目按质按量完成,并为地方经济、社会、环境等因素和谐发展提供保障,带来巨大的经济和社会效益。

黄河上游高原库区公路建设关键技术研究

项目编号： 2009 318 000 002
任务来源： 交通运输部西部交通建设科技项目
承担单位： 青海省公路建设管理局
　　　　　　　交通运输部公路科学研究所
研究人员： 韩忠奎　苏天明　王　振　张亚民　冯文阁　王　杰　王文祖
　　　　　　　肖学旺　杜建华　马　伟　郭淑梅　戴婧瑜　蔡　军　辛海生
　　　　　　　周德煜　刘文军　李凌云　胡　坤
评价时间： 2012 年 12 月 26 日
评价水平： 国际先进

一、项目研究背景及必要性

黄河上游地区从黄河源头起到内蒙古托克托县河口镇，包括青海、甘肃、宁夏、内蒙古等省、自治区，河段全长 3 472 km，流域面积 38.6 万 km²，河段总落差 3 496 m，水力资源丰富，黄河水量 49%来自该区。其中青海省南部是长江、黄河、澜沧江三江发源地，被称之为"三江源地区"，是我国最大的产水区，素有"江河源""中华水塔"之称。黄河上游段是我国重要的水利水电开发基地。国家从二十世纪五六十年代开始就提出了黄河上游水电资源流域梯级开发的思路，近年来，随着开发进程的加快，规划开发的大中型水电站将增达 38 座，其中，青海境内 1 960 km 河段水电站达 26 座。黄河上游水电工程的大规模建设，将在我国西北部地区形成众多的高峡平湖，在改变本区域长期以来形成的地质、水文、生态环境平衡的同时，也改变着黄河沿岸公路交通，形成大量需要新建或改建道路工程。

黄河上游地区地处青藏高原腹地，具有地势高耸，相对高差大，地形、地质、气象、水文条件复杂，昼夜温差大，黄河沿岸大面积干燥少雨，地表裸露，风化强烈，生态环境脆弱等典型的高原内陆特点。这些西北部高原地区特定气候、地质、生态条件，对于库区大量新建和改建的库区道路工程提出了特殊的要求，并出现一系列需要研究的新的课题。

黄河积石峡水电站是黄河上游龙羊峡—青铜峡河段梯级开发规划中的第五座大型水电站，清关公路为积石峡水库淹没区等级公路改建工程，是通往青海省主要旅游景点"孟达天池"的必经之路。河上游段高原库区公路建设过程中,面临着特定气候、地质地理、生态水文等各方面条件都与以往具有成熟经验地区不同的特点,高原库区岸坡稳定问题、道路工程建设对高原库区脆弱生态影响问题、特殊条件下大跨度桥梁施工监控、高原地区道路工程施工质量评定方法和标准、隧道工程建设的质量检测、灾害易发地区桥梁、隧道、边坡运营安全监控等问题,是黄河上游库区公路建设面临的一系列关键性课题,其成果不仅对于青海省交通建设,对于我国西部乃至世界范围内的高原地区的道路建设都有重要意义。

本项目针对黄河上游高原库区特殊的地理气候、地质以及生态条件,结合黄河积石峡水电站改建公路建设以及将来黄河上游段进一步水电开发形成的库区沿黄公路建设开展研究,旨在提高高原库区岸坡路基稳定性,保护脆弱生态区自然环境,提高公路结构安全性,为我国黄河上游高原库区道路建设和安全运营提供有效科技支撑。

二、研究内容

1. 黄河上游高原库区塌岸问题研究

(1) 库岸地质类型特征研究

调查研究改建公路沿线气候环境条件、岸坡地质结构、岩性构造等具体情况,对控制库岸路基稳定的主要因素,如岸坡岩性组合特征、岩体结构类型及岸坡结构类型等进行分析,对岸坡岩性组合类型、岸坡类型的划分以及各类型岸坡在水库蓄水条件下的变形破坏特征进行分析研究。

(2) 库岸路基变形破坏模式、机理及演化规律研究

基于不同地质特征的库岸路基,其变形破坏方式和机理各有不同。在调查库岸路基类型及稳定性影响因素研究基础上,研究在长期浸水作用下和干湿循环条件作用下岩土体的弱化作用;研究库岸在长期浸水、库水涨落引起岩土体干湿循环及地下水动力变化、波浪淘刷、高寒冻融条件下的变形破坏方式及其破坏机理;研究库水作用下库岸工程稳定性历时演变特点及规律。

(3) 库岸稳定性评价及风险分析方法研究

分析评价库岸公路沿线各段工程路基、边坡的稳定性,进行定性或定量评价;根据岸坡稳定性问题引起的灾害类型、特征及其发育和发展规律,提出合理的岸坡破坏规律评价方法;分析研究影响岸坡稳定的各种因素及其相关性特征,初步建立库岸破坏风险分析的基本指标评价理论体系;根据岸坡稳定程度、破坏范围和规律,可能造成的损失程度等指标,建立库岸治理需求评价体系。

(4) 库岸路基塌陷灾害工程防护措施研究

结合库岸公路工程灾害实际,以理论研究成果为基础,归纳总结库区道路了工程灾害的主要类型、成因机制和灾害判别标准,考察库岸已有防治措施适宜性,研究适合本区特定地质水文条件下的库岸路基、库岸边坡等工程的科学有效防护措施。

2. 黄河上游高原生态脆弱区道路建设环境保护问题研究

(1)库区道路改建工程对沿线区域生态系统影响研究

①研究道路工程的建设对水文条件改变可能性;研究工程用水、施工弃渣和其他污染物对水环境的影响及对水环境影响范围、程度和发展趋势、相互共同作用。

②研究道路工程建设对河道、山体、林木等生态系统的结构和功能影响,物质和能量输出输入平衡性,系统成分缺损程度(如生物多样性减少等),结构变化(如动物种群的突增或突减、食物链的改变等)方式,能量流动阻隔、物质循环中断可能性,防止造成区域生态失调甚至生态灾难。

③研究改建工程物理变化包括施工噪声、施工弃渣与粉尘、废弃污染物、交通量等方面对河道、山体、林木等生态环境方面影响;施工和运营的机械性破坏如工程开挖、弃渣、碾压等对环境影响研究;道路对迁徙动物和种群交流、生态环境影响研究;研究改建工程引起化学变化包括化冻盐、石油、重金属等方面对生态环境影响及其演化趋势。

(2)高原库区脆弱生态区工程保护技术措施研究

基于公路建设对脆弱生态环境影响,研究公路设计与施工在工程开挖、弃渣、碾压等各个环节的环保措施,提出合理的工程环境保护建议,使对脆弱生态系统影响降低到可接受的程度,确保公路建设与脆弱生态环境之间良好的相互作用和影响,为将来公路建设保护与恢复生态系统提出预见性的防范措施及技术要求。

3. 道路工程建设结构安全问题研究

道路工程结构安全问题研究包括:

①高原大温差条件下悬臂箱梁桥梁建设监控关键技术研究;

②黄河上游高原库区道路工程施工质量评定标准研究;

③隧道施工监控、质量检测和超前地质预报技术方案;

④黄河上游高原库区公路(桥梁、隧道、边坡地质灾害)安全监测管理系统。

(1)桥梁建设监控关键技术研究

①高原环境下箱梁温度梯度模式与参数取值研究。

西北高原的气温特点是日照强烈、昼夜温差大,如果箱梁按现行规范取温度梯度模式和参数,与实际情况出入较大,因此,应通过实桥实测数值进行修正,目的是一方面为大桥监控服务;另一方面反馈设计院,修正温度荷载设计,确保大桥安全。实测温度模式包括竖向和横向。

②悬臂施工过冬阶段结构线形及应力控制研究。

西北高原冬季气温低,桥梁不能进行施工,因此对于悬臂施工的箱梁存在过冬问题,即箱梁悬臂留多长合适,经过一冬,结构线形与后续箱梁节段如何衔接,冬季在风荷载作用下箱梁的应力状况等,这些问题需要研究解决。

(2)黄河上游高原库区道路工程施工质量评定标准研究

①黄河上游高原库区路基工程质量检验评定方法研究。

建立高原库区路基施工方法、混凝土质量及其检测等相应标准。

②黄河上游高原库区混凝土梁桥工程质量检验评定方法研究。

对高原库区混凝土施工质量、基础、主梁等的质量标准进行研究,以确保成桥质量。

(3)隧道施工监控、质量检测和超前地质预报技术方案

沿黄公路隧道围岩地质条件复杂多变,经过大量地质构造带、节理密集带以及风化破碎带,也存在高原大温差、低含氧、冻融强烈等特定条件,隧道开挖后围岩性状将与常规条件下有所不同。本项目针对高原寒区反复冻融的复杂地质条件下的隧道开挖,提供有针对性的施工监控、质量检测和超前地质预报技术方案。

(4)公路(桥梁、隧道、边坡地质灾害)安全监测管理系统研究

建立友善的管理系统人机界面;设计专家系统数据库和知识库;设计专家系统升级、提高的预留数据模块接口,建立易于修改和升级、便于对系统监测数据处理和软件的再开发的公路结构安全监测管理系统平台,开发桥梁健康监测管理系统、隧道运营管理远程监控专家管理系统及道路地质灾害监测预警系统。

三、研究成果

(1)在库岸、边坡稳定性研究方面,对清关改建公路沿线地质、水文和环境及桥梁、隧道建设条件进行了详细调查研究,划分了公路沿线库岸地质结构,分析评价了新老边坡地质稳定性,对库岸塌陷区域进行了预测,对公路库岸公路建设安全风险评估提出了评价指标和评价体系,并进行了风险区划,绘制了风险区域分布图;提出了库岸公路边坡病害巡查与病害、灾害诊断方法体系。

(2)在环境保护方面,全面系统地摸清了目前西部生态脆弱区公路建设中生态工程及环境保护应用现状和存在的问题。提出了高原库区道路建设对生态脆弱区生态影响评估方法的指标体系、评价方法及评价等级划分的技术路线。针对不同阶段及影响程度,提出了道路施工前的环境保护工程技术措施体系、施工中的生态环境保育对策、运营期生态环境恢复工程措施体系等,每个阶段所采取的环境保护措施都不同。

(3)在桥梁建设监测方面,选取积石峡一号黄河大桥作为试验算例,在大量实测数据的基础上,参考当地气象资料,对太阳辐射、对流气温等温度场初始条件与边界条件的施加进行了大量的实测,并将数值试验结果与实测比较,最终确定相关参数。最后使用所选取的参数,对一号黄河大桥进行了算例检验,数值仿真结果与现场观测结果吻合,表明参数具有较好的精确性和可靠性。相关研究结果不但为后续研究积石峡二号黄河大桥的温度荷载提供参数依据,也为青藏高原类似桥梁的设计与施工建造提供了重要的参考。

(4)针对黄河积石峡水电站水库淹没区等级公路改建工程项目所处特殊环境下混凝土桥梁工程建设,开展对其施工过程中的技术要求和标准研究,提出了黄河上游高原库区混凝土梁

桥工程质量检验评定方法和标准体系。

（5）针对高原地区的隧道建设，提出了监测、质量检测和超前预报的技术方案，针对道路地质灾害、隧道运营监控以及桥梁健康运营等方面，建立了道路结构（桥梁、隧道、边坡地质灾害）安全综合管理系统。

与国内外同类技术相比，本项目首次建立了黄河上游高原库区库岸路基塌陷风险及演化规律的系统分析方法；首次建立了高原库区库岸稳定风险分析评价指标体系和评估模型，并绘制了稳定风险分区图；首次提出库岸路基、边坡及其防护工程病害巡查和诊断方法，并建立了巡查养护制度；首次提出针对高原地区冬季条件下箱梁温度场的边界条件和参数的确定方法；首次提出针对高原库区道路建设对生态脆弱区生态影响评估方法的指标体系，评价方法及评价等级划分方法；首次提出道路施工不同阶段及影响程度的环境保护工程技术措施体系、施工中的生态环境保育对策、运营期生态环境恢复工程措施体系；首次提出黄河上游高原库区混凝土桥梁工程质量检验评定方法。项目研究成果具有很高的创新性。

四、成果应用情况

项目研究成果对未来黄河上游库区沿黄公路建设中的岸坡稳定性及风险稳定性评价、库岸公路边坡灾害防护、边坡隧道监测等技术有着重要的指导作用，可与公路运营、设计、施工部门进一步合作，优化设计，降低施工风险，减少工程造价，提升高原库区公路建设技术水平，提高公路建设和运营安全性。

高原环境下箱梁温度梯度模式与参数取值研究为在西北高原独特的气温特点下桥梁温度梯度模式和参数取值提供了有价值的参考，一定程度上缓解了以往规范规定与实际情况出入较大的困境。悬臂施工过冬阶段结构线形及应力控制研究对于西北高原冬季气温低、桥梁不能进行施工的问题进行了深入探讨，解决了悬臂施工中箱梁过冬悬臂留多长合适及经过一冬结构线形与后续箱梁节段如何衔接、冬季在风荷载作用下箱梁的应力状况等问题。相关研究为设计、施工、监控等提供了理论依据，具有广泛的应用前景。

黄河上游段高原库区公路建设面临的特定气候、地质地理、生态等具体条件，过去在该地区进行公路建设的基础理论研究不足，存在许多难题亟待解决。本项目的研究成果可很好地指导我国高原库区公路岸坡稳定性评价、风险分析、灾害防护与监测预警、边坡隧道监测，为高原库区公路建设提供关键的技术支持。

此外，本项研究成果对快速提升高原库区公路建设技术水平，保证公路建设和运营安全，推动我国西部公路建设与自然环境协调、健康和可持续发展意义重大，具有广阔的应用前景。

依托工程成果应用情况：由青海省育才公路勘察设计有限公司应用在治多至杂多至囊谦公路工程；青海省高等级公路建设管理局应用在同仁至牙什尕高速公路；正平路桥建设股份有限公司应用在黄河积石峡水电站水库淹没区等级公路改建工程等。

五、经济社会效益

通过本项目的研究,可加强对高原库区道路工程坡岸防护评价与治理研究,防止库岸塌陷以及对公路造成危害,提高工程运营可靠性及我国高原库区库岸防护研究水平;加强对我国黄河上游高原库区生态脆弱区工程和环境保护研究,减少工程建设对环境的影响,提高环境生态质量;有效地保证工程施工质量,减少施工浪费,提高工作效率,提高工程安全性,减少复杂地质条件下因灾害造成的人员财产损失;通过实现公路监控自动化采集、传输、分析处理,实现无人值守,让观测人员远离危险地带的目的,节约了大量人力资源,具有巨大的经济效益。

本项目的研究成果对提高黄河上游高原库区公路建设工程质量,保证施工安全提供了有效保障;还可为青海省公路运行管理部门提供公路桥梁、隧道、边坡的运营实时监控系统以及对可能出现的地质灾害、库岸塌陷等进行有效的监测和预警预报,实现高效、安全、智能的实时监测与管理,对公路管理服务水平的提高,建立公路安全运营管理的长效机制,起到重要作用;环境保护方面研究成果,不仅直接为本改建工程的生态环境保护应用,也为青海乃至广大的黄河上游段高原库区在建、拟建和已经建成的道路工程建设具有积极的参考作用,为提高我国公路部门在环境保护方面的技术水平,为相关规范、规程的修订和完善提供技术和工程实践依据。综上所述,本项目的研究具有巨大的社会效益和生态效益。

第二部分

青海省科技项目

多年冻土地区硅藻土改性沥青应用研究

项目编号：2008-G-522

任务来源：青海省科技项目

承担单位：中交第一公路勘察设计研究院有限公司
　　　　　青海省交通科学研究所
　　　　　重庆交通大学
　　　　　青海省公路局

研究人员：汪双杰　房建宏　唐伯明　梁乃兴　陈团结　徐安花　李永翔
　　　　　李　智　雷　宇　柯文豪　冯　焘　曹海波　向　豪　陈　实
　　　　　黄世静　陈　红　朱洪洲　王国安　陈肃明　刘唐志　曹雪娟
　　　　　李林健

评价时间：2011 年 10 月 19 日

评价水平：国际先进

获奖情况：荣获 2012 年度中国公路学会"科学技术二等奖"

一、项目研究背景及必要性

随着我国公路交通事业的发展，多年冻土地区的公路建设规模不断扩大，青藏、青康、宁张、G214 等几条公路的改造工程已在实施之中，在不久将会有更多新建公路穿过多年冻土区。青藏高原恶劣的自然环境给当地沥青路面的设计、施工和运营带来了很多难题，虽然已对多年冻土区沥青路面的材料、结构、施工工艺等开展了数十年的研究与实践，但由于多年冻土地区的特殊性和复杂性，仍有很多问题未能解决。多年冻土地区的沥青路面在使用不久便出现开裂、变形、松散、坑槽等病害，严重影响了路面的使用质量和服务水平。为多年冻土地区选择合理的路面结构和恰当的沥青结合料，是目前多年冻土地区沥青路面修建亟待解决的问题之一。

硅藻土能够有效提高沥青混凝土的高温稳定性、低温抗裂性以及水稳定性，同时硅藻土改性沥青混合料的热导率仅为普通沥青混合料的 1/2~1/3，具有很好的保温隔热作用。硅藻土改性沥青的这些特点能够更好地适应多年冻土地区的气候环境，并且对多年冻土起到一定的保护作用。

青海省地处青藏高原东北部,地形复杂、地貌多样,是青藏高原多年冻土分布的主要地区,多年冻土分布面积占青藏高原多年冻土面积的1/3以上。全省范围内高温冻土分布较广,区内环境生态较脆弱,工程环境对冻土稳定性影响很大,冻土环境不稳定给各种工程设施带来严重病害与隐患。青海省典型的地理气候环境能充分代表和反映高原冻土的特征和特色。结合本项目的研究特点,依托工程选择在青海省国道215线察尔汗盐湖至格尔木公路。该试验路路线全长约79km,采用双向四车道高速公路标准。

二、研究内容

本项目以硅藻土改性沥青混合料路用性能研究为基础,针对青藏高原多年冻土区沥青路面发生的主要病害,研究其在高原多年冻土地区的适用性,并通过数值模拟和铺筑试验路验证研究结果。提出将硅藻土改性沥青混合料用于多年冻土地区,减少多年冻土地区沥青路面病害的发生,为高原多年冻土地区沥青路面的修建提供新的材料选择。通过本项目的研究为青海省在高原多年冻土地区沥青路面铺筑技术的管理决策方面提供有力的科学依据。同时,在项目的研究过程中,培养一批科研能力强、业务素质过硬的工程技术人员,为青海省公路事业的发展储备技术人才。

研究内容主要包括以下六个方面:

1.硅藻土改性沥青胶浆性能研究

(1)硅藻土改性沥青高温动态剪切试验研究;

(2)硅藻土改性沥青低温弯曲梁流变试验研究;

(3)常规指标与SHRP指标相关性分析;

(4)硅藻土改性沥青机理分析。

关键技术:硅藻土改性沥青机理研究。

2.多年冻土地区硅藻土沥青混合料配合比设计

(1)硅藻土改性沥青混合料级配优选;

(2)硅藻土改性沥青混合料马歇尔试验控制指标选择;

(3)硅藻土改性沥青混合料马歇尔试验研究。

关键技术:硅藻土改性沥青混合料马歇尔试验研究。

3.多年冻土地区硅藻土沥青混合料低温抗裂性能研究

(1)硅藻土改性沥青混合料低温抗裂性试验评价方法;

(2)硅藻土改性沥青混合料低温弯曲试验;

(3)老化对低温抗裂性能的影响研究。

关键技术:老化对硅藻土改性沥青混合料低温抗裂性能的影响研究。

4.多年冻土地区硅藻土沥青混合料水稳定性研究

(1)硅藻土改性沥青混合料浸水马歇尔试验研究;
(2)硅藻土改性沥青混合料冻融劈裂试验研究。
关键技术:硅藻土改性沥青混合料水稳定性研究。

5.多年冻土地区硅藻土沥青混合料高温稳定性研究

硅藻土改性沥青混合料高温抗车辙试验研究。
关键技术:研究不同温度、不同硅藻土添量对硅藻土改性沥青混合料的高温稳定性的影响。

6.硅藻土改性沥青混合料保温隔热性能研究

(1)硅藻土改性沥青混合料热传导试验研究;
(2)硅藻土改性沥青混合料隔热效果数值模拟。
关键技术:硅藻土改性沥青混合料隔热性能研究。

三、研究成果

1.主要研究成果

(1)沥青胶浆常规指标试验表明,掺入硅藻土后沥青胶浆的25℃针入度减小了30%~40%、软化点提高了4~7℃、当量软化点提高了9~12℃、当量脆点降低了5~8℃,沥青胶浆的感温性、高温性能、低温性能均得到了一定改善。

(2)硅藻土沥青混合料的抗车辙因子$G^*/\sin\delta$增大,相位角δ减小,PG高温分级提高了一个等级,临界温度提高了3~8℃,沥青胶浆高温性能明显改善。硅藻土沥青胶浆的低温弯曲蠕变劲度S略有减小,但是m值有所增大,沥青胶浆在低温下的松弛能力大大增强,低温抗裂性能有所增长。RTFOT沥青$G^*/\sin\delta$及δ与温度变化关系如图1、图2所示。

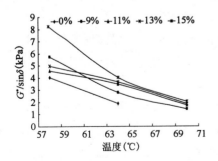

图1 RTFOT沥青$G^*/\sin\delta$与温度变化关系

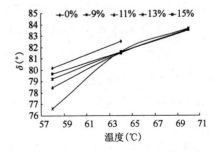

图2 RTFOT沥青δ与温度变化关系

(3)硅藻土颗粒的大小以及在改性沥青中分散的均匀程度对针入度试验结果造成了很大影响,最终导致针入度指数PI和当量脆点T1.2误差较大,不能用于评价硅藻土改性沥青。软化点试验和5℃延度试验与SHRP试验的高低温指标相关性较好,可以用于硅藻土改性沥青评价。

(4)从微观样貌图可以看出,硅藻土颗粒能够均匀分散到沥青中,将沥青紧紧吸附在其表面。由于硅藻土表面特殊的构造,使得沥青渗透到硅藻土孔隙中形成非常紧密的锚固,在硅藻土沥青胶浆内部形成加筋锚固作用,大大提高了沥青胶浆的路用性能。

(5)硅藻土与沥青相容性较好,采用干法拌和能达到较好的改性效果。现场施工时,可以采用干法拌和拌制硅藻土改性沥青混合料,以减少工作量。

(6)掺量为13%的硅藻土改性沥青混合料的低温性能最好(图3),各种掺量的硅藻土改性沥青混合料低温抗裂性能均优于普通沥青混合料。沥青标号对混合料低温抗裂性能影响较大,标号越高,低温抗裂性能越好。在沥青混合料低温抗裂性能的改善方面,硅藻土与SBS、SBR等改性剂处于同一水平。

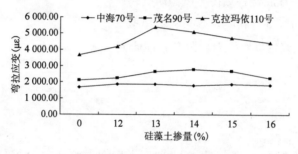

图3 硅藻土掺量与弯拉强度关系

(7)劲度模量比对混合料的老化最敏感,是评价沥青混合料抗老化性能的重要指标。采用劲度模量比作为评价指标,各种掺量硅藻土沥青混合料的抗老化性排序为13% > 14% > 15% > 16% > 基质沥青混合料。长期老化的劲度模量比的增长在很大程度上都来自于短期老化,沥青混合料的老化主要源于拌和过程中的热老化。

(8)硅藻土对混合料抗老化性改性机理为:硅藻土沥青混合料沥青用量大,混合料中沥青膜较厚,孔隙率小,沥青饱和度较大,具有高密实混凝土的特性,能够有效阻止混合料中的沥青胶结料与外界水分、大气等自然因素接触,具有较好的抗老化性能。

(9)沥青中掺入硅藻土可以使沥青与酸性集料的黏附性从3级提高到4级,与碱性集料的黏附性从4级提高到5级;浸水残留稳定度达到90%以上;冻融劈裂比达到85% ~ 95%,明显提高了混合料的水稳定性。

(10)多年冻土地区常年气温较低,60℃的试验温度与多年冻土地区气候状况不相符,确定车辙试验的温度为45℃,硅藻土沥青混合料的45℃动稳定度相比基质沥青混合料有了明显提升,提升幅度为23.33% ~ 31.28%,表明硅藻土沥青混合料的高温抗车辙性能有了显著提高。

(11)硅藻土沥青混合料的热导率仅为普通沥青混合料的1/2 ~ 1/3,具有较好的保温隔热性能。在夏季高温时段,硅藻土混合料面层能有效阻止外界热量向下传递,减小路基融沉,同时提高了沥青路面抗车辙能力。在冬季低温时段,硅藻土混合料面层温度较高而且随气温变化而变化的振幅较小,降低了沥青面层由于温度骤降而产生的温度应力,减少了路面开裂。

（12）在青海省玉树至治多三级公路上,铺筑了两种不同硅藻土掺量(13%、16%)的硅藻土改性沥青试验段。在室内试验研究基础上,提出了现场硅藻土改性沥青 AC-13I 混合料配合比。通过试验路铺筑,总结了硅藻土改性沥青路面施工工艺,对原材料、施工准备、基层处治、沥青混合料拌和、运输、摊铺、碾压等提出了具体技术要求。

2. 主要创新点

（1）采用常规指标和 SHRP 指标分别研究了硅藻土改性沥青胶浆的路用性能,并分析了两种评价指标的相关性。

（2）研究了硅藻土改性沥青混合料的低温抗裂性能,分析了短期老化和长期老化对混合料低温抗裂性能的影响,提出了劲度模量比作为混合料抗老化性能的评价指标。

（3）室内试验模拟了硅藻土沥青路面和普通沥青路面的热传导状况,并用数值模拟法分别计算了不同季节两种路面的温度场分布,证明了硅藻土沥青路面具有优良的隔热性能。

四、成果应用情况

根据本研究项目的特点,依托工程选择在青海省玉树至治多三级公路。本项目处于青海省青南地区,属玉树藏族自治州所辖,路线起点接国道 214 线 K673+430,路线由东向西迂回,终点止 S308 线 K189+766 处,路线全长 189.766km。该工程路线范围内气候严寒,干旱少雨,盐渍土分布广泛,盐渍化荒漠程度较大,工程地质复杂,施工难度大。

青藏高原地处东经 74°～107°,北纬 25°～40°,是世界平均海拔最高的高原,素有"世界屋脊""地球第三极"之称。在全国气候区划中,青藏高原被单独划分出来,称为"青藏高原气候区域"。青藏高原气候寒冷,昼夜温差大,年平均气温较低。青藏公路沿线多年平均最低气温为 -14.5～-17.4℃,年平均最高气温为 -6.8～-8.1℃,年平均气温为 -4.0～6.9℃,年极端最低气温为 -23.39℃,年极端最高气温为 12.27℃,气温年差 35.66℃。青藏高原降水集中,每年的 5～9 月为降水季节,降水量占到全年降水量的 97%。高原地区降水的主要特征为雷阵雨和固态降水,冰雹、霰、雪等固态降水等非常普遍。降水往往伴随着冰冻,由于高原地区昼夜温差大,一天之内的冻融循环即使在最便于施工的 5～9 月仍十分频繁。青藏高原大气透明度高,云量少,日照时间长,一般为 2 600～3 000h/a,因而太阳辐射特别强烈。稀薄的云层无法阻挡紫外线,强烈的紫外线照射到沥青路面上,加剧了沥青面层的老化。项目在研究过程中,紧紧抓住科研为生产服务这条主线,将研究成果及时应用到工程实践中,保证工程建设沿着科学轨道前进,达到科研围绕生产、生产结合科研、科研成果指导工程建设的目标,并使研究成果及时地得到了推广与应用,同时通过工程应用对科研成果又进行了验证、补充、完善。如此循环,使取得的研究成果更具有代表性和使用价值。项目成果应用情况示例如图 4、图 5 所示。

图4　沥青混合料摊铺　　　　　　　图5　沥青混合料碾压温度控制

五、经济社会效益

结合本项目的研究成果，在工作开展中，注重该项目在生产中的实际应用及在多年冻土地区沥青路面修建中的科研成果推广。项目就硅藻土改性沥青混合料的常规路用性能指标进行了试验研究，对硅藻土改性沥青混合料的隔热性能进行了室内试验研究和数值分析，取得了一定成果。从狭义范围而言，本课题的科研成果为青海省S308沥青路面的铺筑提供了强有力的技术支撑；从可操作性、经济性而言，为高原多年冻土地区提供了一种具有较好高温稳定性、低温抗裂性、水稳定性和保温性的沥青路面材料。在今后十余年，青藏高原公路里程将不断增加，若能采用本课题的研究成果，必将能延长高原多年冻土地区沥青路面的使用寿命，创造巨大的社会价值。

反复冻融条件下高等级公路路基填土的性质变化研究

项目编号： 2011-Z-910

任务来源： 青海省科技项目

承担单位： 青海省交通科学研究院

北京交通大学

研究人员： 徐安花　房建宏　刘建坤　张　彧　郑文娟　于钱米　王青志

评价时间： 2014 年 4 年 24 日

评价水平： 国内领先

一、项目研究背景及必要性

公路作为交通运输的主要方式之一，具有高速、安全、平稳等诸多优点，而在公路建设中，路基基床及基床以下路堤填土是由散体材料填筑而成的，由于散体材料抗变形能力差、抵抗动荷载能力弱，因此基床及路堤填土是线路结构中最薄弱、最容易产生问题的地方。在冻土地区修筑公路，由于冻土土质、温度、水及荷载的作用所引起的应力场的变化和重分布，导致修筑公路路基出现冻胀、融沉和翻浆等冻害，使公路工程面临重重困难。在既有公路线路中，公路工务部门针对管段范围内所发生的病害，多数采取限速行车、填料改良、抬高路基、换填、道渣清筛、加垫板、注盐、设置防水层等整治措施，但是并没有从根本上解决病害问题，病害整治需要年年进行，耗费大量的人力和物力。

同时，我国针对多年冻土区的科学研究开展较多且较成熟，而季节性冻土区的多数研究主要集中在工业与民用建筑及水利设施的冻害及防治，对公路工程方面的研究进行的相对较少且资料缺乏。现有的研究成果基本上针对中低水平的路基及其构筑物，且只考虑了静荷载的作用，而伴随高速公路的大力发展，路基土的设计不应只局限于传统的准静态设计，还应考虑其在车辆动荷载作用下的动态特性。同时，对于目前的公路路基填料分类标准中并没有考虑路基填料实际承受的车辆荷载作用，高速公路的路基填料中也没有明确的抗冻标准，同时对路基填料的抗冻融耐久性缺少必要的研究，对冻融循环后高速公路路基填料尤其是改良填料在复杂应力下的动力学性能试验研究开展的较少。

二、研究内容

本研究在项目"反复冻融条件下高等级公路路基填土的性质变化研究"的支持下,结合季节性冻土地区高速公路建设大发展,以西北、东北地区典型黏性土及其改良土为研究对象,在充分借鉴和吸取前人研究成果的基础上,以室内静、动力学试验为手段,通过理论分析及数据对比,开展季节性冻土区改良填料的力学特性试验研究,进行高速公路路基填料的选择与配置,掌握路基填料自身的抗冻胀和抗冻融循环特性,从动力学角度和热力学角度进行优化配置,探讨基于回弹模量、临界动应力和累计变形的填料选择和调配方法,使路基填料能够达到高速公路的承载、抗冻融作用和耐久性要求,从而减少路基病害的发生,保持冻土路基的稳定性。

大量既有公路以及正在修建的高速公路分布于我国季节性冻土地区,该地区公路路基普遍存在冬季冻胀、春季融沉的现象,部分地段冻害严重,影响车辆安全运营,而且该地区优质填料严重缺乏。因此,为寻求抗冻融耐久性材料,本项目采用室内试验、现场调查、理论分析相结合的研究思路,对季节性冻土地区路基改良填料的力学特性进行研究。

1. 主要研究内容

(1)在室内试验的基础上,对素土的土质特性有初步的认识,并在季节性冻土区冻害调查与成因分析的基础上,结合季冻区沿线水文工程地质和气温资料,模拟季节性冻土地区土体的冻胀变形特点,研究路基素填土在封闭和开敞条件下的冻胀特性。

(2)通过室内冻融试验和三轴试验,对路基改良填料的应力—应变关系、弹性模量、静强度等进行对比研究,研究静力特性与改良土掺入比、冻融次数等的关系,并对其冻融机理进行初步的探讨。

(3)通过室内MTS土动三轴试验和冻融试验,对比研究素土及改良土的动态特性,深入研究车辆循环荷载作用下素土及其改良土的累积塑性变形、临界动应力、回弹模量、动应力应变关系与冻融次数、围压、冷却温度、掺入比的变化规律,并重点分析动应力幅值、冻融次数、土样冻结时的冷却温度以及围压对累积塑性变形的影响,并给出循环荷载作用下正融土累积变形预测的简单数学模型;引入损伤变量的概念,建立冻融损伤变量的关系模型。

2. 具体实施方案

(1)收集国内外相关资料,研究分析冻土地区路基病害类型与成因,以及冻融作用下路基土的破坏机理和力学性质变化现状,了解青海省高等级公路沿线的地质、水文及气候等条件。

(2)设计冻融循环试验箱。在试验中对冻融机理试验分析采用缓慢单向、有压的开式冻结方案和快速、有压的闭式冻结方案两种方案,而在力学性质试验中采用快速、有压的闭式冻结方案。

(3)冻融机理研究。进行冻融循环试验,采用相应的监测仪器,监测土体的含水率变化、变形过程、土体内部结构变化等。

（4）冻融前后的物理力学性质试验。进行不同冻融循环次数、不同冷却温度、不同初始含水率、不同压实系数、不同围压下的力学性质试验研究，并结合冻融破坏机理对力学性质的变化规律进行研究，引入冻融损伤机制，建立冻融次数与物理力学性质指标之间的损伤数学模型。

（5）改良试验。确定本试验的改良方法，对土体改良前后、冻融前后的物理力学性质进行试验研究，对比分析土体改良前后的物理力学性质变化以及改良土经过冻融作用后的物理力学性质的变化规律。

（6）建立一套冻融作用下高等级公路路基填土性质变化的试验机制。

三、研究成果

我国季节性冻土分布广泛，多条既有线和新建高速公路位于或穿越季节性冻土地区，由于其特有的气候条件，路基土每年至少经历一次冻融作用，路基土强度降低，出现融沉、翻浆冒泥等病害，严重影响行车安全。因此，寻求抗冻融耐久性好的路基改良填料，扩大改良土的使用范围，将对预防季节性冻土区路基病害提供工程参考。

本项目在总结国内外研究现状的基础上，确定以冻融循环作用下水泥改良土和石灰改良土的静力特性和动态性能作为研究内容。在对季节性冻土地区路基病害类型和成因充分认识的基础上，开展了一系列的冻融循环试验、动静三轴试验研究，详细阐述了冻融次数、冷却温度、围压、掺入比以及动静荷载对改良土强度和变形特性的影响规律。

1. 主要结论

（1）土的冻胀是指土体在冻结过程中，土体中原有的水分以及外界向冻结锋面迁移的水分在土体中冻结成冰，并形成冰层、冰透镜体、多晶冰等多种形式的冰侵入体，从而引起土颗粒之间发生相对位移，使土体的体积产生不同程度扩张的现象。冻胀在自然界的表现是地表发生不均匀的隆起，融化后产生下沉。通过黏性土样的冻胀特性研究分析，影响土的冻胀主要因素有：温度、含水率、荷载及土的种类等，试验结果表明黏性土样的冻胀量很小，其值范围在 $0.30 \sim 0.80$ mm 之间，冻胀率最大仅为 0.9%。由此可见，黏性土土样的冻胀性能较弱。冻融循环后土的剪切强度低于未经冻融的土。

（2）水泥改良土的应力应变关系曲线存在明显的峰值，且残余强度较低，呈现应变软化性，试样呈脆性破坏，并采用三次多项式对水泥改良土应力应变关系曲线的上升段进行了描述，效果良好；冻融循环前后，石灰改良土应力应变关系的曲线形式由软化型过渡到硬化型，并采用 R.L.Kondner 的双曲线模型对其应力应变关系进行了描述。在无循环条件下，经过养护7天的 Aught-Set 固化剂改良土的无侧限抗压强度 q_u 是素土无侧限抗压强度的将近4倍，这说明固化剂在无冻融循环条件下对土的加固作用十分显著。不同掺入比水泥土试样的破坏形状如图1所示。

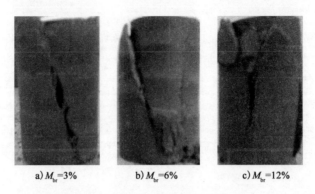

a) $M_{br}=3\%$　　　b) $M_{br}=6\%$　　　c) $M_{br}=12\%$

图1　不同掺入比水泥土试样的破坏形状

(3)改良土的弹性模量随冻融次数的增加先降低后增大,其静强度、黏聚力、临界动应力则是随冻融次数的增加呈指数形式递减;当土体经历六次冻融后,弹性模量、静强度、黏聚力以及临界动应力均趋于稳定。随着冻融负温的降低 Aught-Set 固化剂改良土的临界动应力、动强度、动模量都有减小的趋势,和无侧限抗压强度试验的规律基本相同,固化剂改良土在某一冻融负温循环随着冻融次数的增加临界动应力、动强度、动模量开始是先减小,在一定的循环次数后改良土的临界动应力、动强度、动模量变化量比较小,趋于稳定的状态,而达到稳定状态的冻融循环次数和冻融循环的负温是有关的。温度越低,改良土达到稳定状态的次数越少。

(4)为预测土体的累积塑性应变,本项目以 Monismith 的指数模型为基础,采用归一化的思路,并引入冻融衰减因子 ε_N,建立了不同动应力水平和冻融次数下的累积塑性应变预测模型 $\varepsilon_p = (N_{ft} \cdot \alpha \sigma_d^{\beta} \cdot AN^b)/(\chi + \gamma N_{ft})$。通过分析水泥改良土的累积应变破坏曲线,发现曲线的转折点大致落在一条直线上,并建立了屈服应变与屈服振次的关系式 $\varepsilon_y = A \cdot \ln N_y + B$。水泥土累积塑性应变与振次的关系曲线如图2所示。

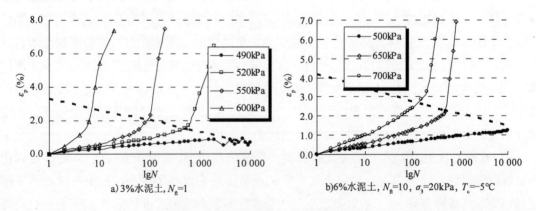

a) 3%水泥土,$N_{ft}=1$　　　b) 6%水泥土,$N_{ft}=10$, $\sigma_3=20kPa$, $T_c=-5℃$

图2　水泥土累积塑性应变与振次的关系曲线

(5)从掺入比的角度考虑,建议水泥和石灰的掺入比分别为6%和9%,且在进行工程设计时,应考虑采用土体冻融6次后的力学指标作为设计值。同时,为了更好地服务于路基建设,将冻融衰减系数 η_f 引入到改良土掺入比设计中,并对参数的确定进行了解释。

(6)当所施加的动应力低于临界动应力时,土体回弹模量随动应力增加到一定水平后很快保持不变;而当大于临界动应力时,其回弹模量随动应力的增加不断减小。建立了土体动回弹模量冻融衰减模型,从损伤的角度出发,引入冻融损伤变量 D,得到了土体冻融损伤度的计算公式: $D = 1 - (\alpha \cdot e^{kN_{ft}} + \beta)$

(7)采用 Hardin-Drnevich 的双曲线模型可以较好地预测土体的动应力—动应变关系。同时,分析动回弹模量与动弹性应变的关系发现,动回弹模量随着动弹性应变的增加总体上呈衰减趋势,可以分为三个阶段:当动弹性应变 $\varepsilon_e < 10^{-4}$ 时,动回弹模量基本上不衰减,试样处于弹性状态;而当 $10^{-4} < \varepsilon_e < 10^{-3}$ 时,动模量有小幅度的衰减;当 $10^{-3} < \varepsilon_e < 10^{-2}$ 范围内时,土体的动回弹模量衰减速率迅速增加,表现出了明显的非线性。9%石灰改良土的动回弹模量与动弹性应变的关系曲线如图3所示。

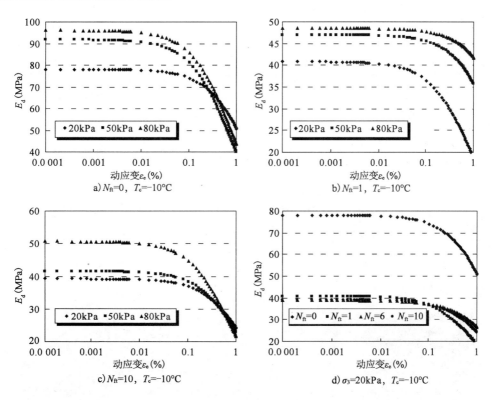

图3 9%石灰改良土的动回弹模量与动弹性应变的关系曲线

2. 主要创新点

(1)选用水泥、石灰和 Aught-Set 固化剂三种方法同时对黏性土进行改良,并对冻融循环作用下两种改良土的力学特性进行对比研究,为工程设计中改良方法的选择提供了指导。系统研究了冻融循环作用下水泥及石灰改良土的变形与强度破坏演化机理,得到了影响改良土力学性能的主要控制参数,建立了改良土的静强度、累积塑性应变、临界动应力等力学响应参数与应力条件、冻融次数等指标间的关系模型。

(2) 引入改良土冻融衰减系数 η_f，并将其应用到高速公路路基改良填料的掺入比设计中，使其能更好地指导实践。

(3) 以损伤力学为基础，引入冻融损伤度的概念，建立了水泥及石灰改良土的动回弹模量损伤模型，可以更好地评估季节性冻土区路基改良填料的使用寿命。

四、成果应用情况

项目在总结国内外季冻区冻害研究的基础上，以 G109 线橡皮山段严重路基冻胀病害地段为工程依托对象，该段设计交通量 2 500 辆/昼夜（混合交通量），交通量平均增长率 $r=7.66\%$，设计年限为 12 年。冬季道路严重冻胀，导致路面鼓包、隆起；春季则严重翻浆，严重影响过往车辆的行车舒适性及安全。

为了防治 G109 青海省橡皮山段这一路段的冻胀等病害，项目实施过程中，紧密结合了本项目"反复冻融条件下高等级公路路基填土的性质变化研究"的研究成果。项目结合 G109 青海省橡皮山段公路建设情况，在该路段铺设了改良土路基试验段，通过对该试验断面的温度、水分以及沉降量的监测，分析改良土路基对季节冻土区路基稳定性的影响，经过一个寒季的变化，路基试验段效果良好。

通过对该地段现场调研，结合路基填料的土性分析，利用北京交通大学隧道中心冻土实验室自行研制的试验仪器，系统研究了该路基填料在反复冻融条件下，动荷载、静荷载作用下的冻胀等力学特性，并分析总结了温度、荷载、围压、掺入量等因素对改良土的影响，通过三种改良方法（水泥、石灰和固化剂）改良路基填料，研究改良填料的冻胀敏感性，确定冻胀敏感性较低的改良方法。针对季冻区高速公路提出路基使用寿命评价，进一步提高多年冻土区道路使用品质，使我国多年冻土区公路、特别是高速公路的建设拥有更加实际的理论参数和科学依据。试验用三轴压缩仪如图 4 所示。

图 4　试验用三轴压缩仪

五、经济社会效益

(1)通过三种改良方法(水泥、石灰和固化剂)改良路基填料,研究改良填料的冻胀敏感性,确定冻胀敏感性较低的改良方法。使路基填料能够达到高速公路的承载、抗冻融作用和耐久性要求,从而减少路基病害的发生,保持冻土路基的稳定性。

(2)评估季冻区高等级公路路基的使用寿命,长远角度可有效降低成本,提高收益,将冻融循环衰变率引入改良土配比设计中,达到既保证路基安全可靠又经济合理的目标,以适应季节冻土区高速公路路基设计。保证多年冻土区高等级公路的建设质量,又可大大降低日后的养护维修费用,极大地节约人力、物力和财力。进一步提高多年冻土区道路使用品质。使我国多年冻土区公路、特别是高速公路的建设拥有更加切合实际的理论参数和科学依据。

沥青路面整治工程新旧路面联结层技术研究

项目编号： 2012-G-219

任务来源： 青海省科技项目

承担单位： 青海省公路科研勘测设计院
　　　　　　　江苏省交通科学研究院股份有限公司
　　　　　　　青海省收费公路管理处

研究人员： 刘　宁　刘　伟　田明有　朱　磊　张生贵　韦武举　杜海丽
　　　　　　　蔺亚敏　李　强　徐占慧　胡兴国　马春珊　钟　磊　刘　强
　　　　　　　马占旭　刘建新　陈　宁　张海军

评价时间： 2014 年 11 月 18 日

评价水平： 国际先进

一、项目研究背景及必要性

近年来，公路沥青路面病害整治工程在通车不久后不得不进行，其中主要原因之一就是对新旧路面之间的黏结、防水等联结层处治不够重视。通常沥青路面整治工程的关注重点过于倾向在路基、路面材料及其结构组合方面进行设计和优化，如加厚沥青面层或增加新铺面层以提高结构承载力、改善行车舒适性，新旧路面层间的黏结、防水、应力吸收以及耐久性等方面容易被忽视，由此将导致因层间联结失效而出现的推移、拥包、网裂、翻浆等病害，沥青路面的整体状况不但未得以改善反而继续恶化。

在我国现行沥青路面的设计规范和施工规范中，对新旧路面层间处治工艺的规定都是比较简单，仅仅是一些一般性的描述，例如对材料选取、单位面积材料用量的选用完全是凭经验确定以及缺少有效的质量控制指标和检测方法等，导致层间材料不能提供足够的抗剪强度和黏结强度，达不到有效防水的目的。在高等级公路沥青路面整治工程的施工中，对于层间采用何种材料、采用何种方案进行处理，规范中缺乏明确的指导建议，设计单位和施工单位只能简单地套用规范，从而导致我国道路工程中层间黏结和防水问题层出不穷。

新旧路面联结层设置是否恰当是影响整治工程沥青路面使用性能和使用寿命的关键因素之一，若新旧路面的黏结质量不好，通车后易发生层间剪切破坏，产生推移、拥包等病害；

若联结层的防水效果不好,在车辆荷载和雨水(含融雪)的综合作用下,很容易出现网裂、翻浆等水损坏。因此,整治工程沥青路面作为多层组合体系,为了使其具有良好的结构承载能力和耐久性,提高使用性能,延长使用寿命,应该加强新旧路面的层间处治技术的相关研究。

二、研究内容

1. 关键问题

(1)提出建立沥青路面整治工程新旧路面联结层模型,模拟新旧路面层间不同接触状态下应力分布状况。

(2)首次提出沥青路面整治工程新旧路面联结层室内复合试件成型方法,及沥青路面整治工程新旧路面联结层抗剪强度试验方法及评价指标。

(3)首次对影响沥青路面整治工程新旧路面联结层的集料及沥青胶结料的关键指标进行系统分析,确定沥青路面整治工程新旧路面联结层集料最佳撒铺量和沥青胶结料最佳洒布量方法,沥青路面整治工程新旧路面联结层透水性能检测装置、检测方法及评价指标。

(4)该联结层技术操作简单,可以延长路面使用寿命,进而减少公路养护维修费用和降低施工过程中"碳""氮"等元素的排放量,具有保持生态稳定,降低环境污染功效。

2. 实施方案

针对沥青路面整治工程新旧路面联结层处治技术,我国行业规范《公路沥青路面设计规范》(JTG D50—2006)中没有考虑新旧路面层间接触对路面性能的影响,更没有结构层参数的测定方法、评价指标、评价标准以及与结构层结合状况相关的规定;我国现行行业规范《公路沥青路面施工技术规范》(JTG F40—2004)中没有针对新旧路面联结层材料选择方法、评价指标以及施工工艺等给出具体的指导意见或执行标准,由此导致因层间联结失效而出现的推移、拥包、网裂及翻浆等病害,沥青路面的整体状况不但未得以改善反而继续恶化。所以项目的总体思路和主要任务是开展沥青路面整治工程中关键环节的新旧路面联结层相关技术的系统研究,在国内外技术应用现状调研的基础上,首先进行新旧路面层间结合状态的力学分析,结合室内试验,对现有沥青路面整治工程新旧路面联结层处治技术进行评价,提出联结层参数的测定方法和评价指标,最后提出联结层材料选择方法和施工工艺,为相关技术规范或规程的修订提供依据。

为了对沥青路面整治工程新旧路面联结层处治技术开展深入研究,项目进行了国内外研究现状调查、以下几个方面研究:

(1)国内外研究现状调查

通过对国内外沥青路面整治工程中新旧路面联结层的研究及使用状况调研,进一步了解联结层的特点以及在不同交通量、不同等级公路上的应用效果,总结归纳联结层的施工工艺要求、适应性,以及目前尚存在需要改进的问题,分析其对于青海省公路的适应性。

(2)联结层力学响应及室内试验研究

①力学响应

针对新旧路面联结层处理不当,导致新旧沥青路面之间因接触条件和黏结性能不良而出现新铺沥青路面在建成通车后不久就出现推移、拥包等早期破坏的问题,采用BISAR3.0程序计算分析层间不同接触状态时的联结层剪应力分布。

②室内试验研究

以沥青表处、稀浆封层、同步碎石封层等联结层的技术性能为研究对象,采用直接剪切试验、直接拉拔试验和加压渗水试验分别对三者的层间抗剪强度、抗拉强度和透水性能进行比较分析,同时开展抗剪强度与抗拉强度的相关性研究。根据研究成果推荐各自技术的适用场合。

(3)联结层材料选择研究

合适的材料选择是联结层成功的首要条件,联结层使用的结合料包括快裂的乳化沥青、稀释沥青、热沥青、改性乳化沥青或改性沥青(SBS及SBR改性沥青)。目前应用最多的通常为乳化沥青。选择哪种,取决于路面状况、交通状况、当地材料。课题拟结合调研和试验路研究,比较不同集料指标及结合料类型的使用性能,研究内容包括:

①集料关键指标要求;

②结合料类型的选择及其关键指标要求。

(4)沥青表处式联结层施工工艺研究

对沥青表处式联结层的施工工艺进行研究,包括普通道路石油沥青、乳化沥青或改性乳化沥青。研究内容包括:

①原路面的预处理;

②石料的撒布量确定;

③沥青结合料的洒布量确定及其对性能的影响;

④沥青表处式联结层性能的评价。拟通过渗水系数、构造深度、抗滑性能检测、刹车试验等对其性能进行综合评价;

⑤普通道路石油沥青、乳化沥青和改性乳化沥青表处式联结层的施工工艺特点以及性能比较。

(5)稀浆封层式联结层施工工艺研究

对稀浆封层式联结层的施工工艺进行研究,包括普通乳化沥青或改性乳化沥青。研究内容包括:

①原路面的预处理;

②矿料级配类型的选择;

③稀浆封层混合料的技术指标;

④稀浆封层式联结层性能的评价,拟通过渗水系数、构造深度、矿料级配、稠度、油石比等对其性能进行综合评价。

(6)同步碎石封层式联结层施工工艺研究

对同步碎石封层式联结层的施工工艺进行研究,拟研究比较的结合料包括乳化沥青、改性乳化沥青、普通道路石油沥青以及改性沥青(SBS及SBR改性沥青)。研究内容包括:

①原路面的预处理;

②碎石的撒布量确定;

③沥青结合料的洒布量确定及其对性能的影响;

④碎石封层性能的评价。拟通过渗水系数、构造深度、抗滑性能检测、刹车试验等对其性能进行综合评价;

⑤不同结合料同步碎石封层的施工工艺特点以及性能比较。

(7)试验路研究

依托青海省S202平安至大力加山公路病害整治工程,选择几段合适的路段进行联结层试验路铺筑,对课题研究成果进行验证;并对试验路段进行跟踪检测,收集现场检测数据,同时跟踪观察路面病害的发展情况;总结联结层的施工工艺和技术标准,完善质量控制标准,最终确定一到两种适应于青海的联结层技术。

3. 技术路线(图1)

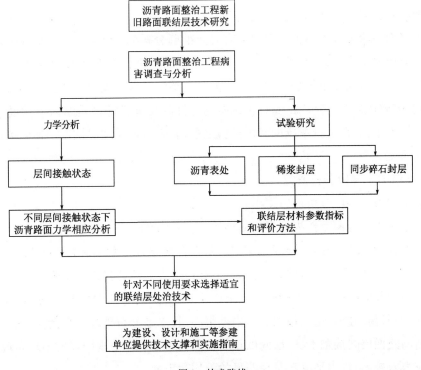

图1 技术路线

三、研究成果

1. 主要技术成果概述

本研究为行业规范《公路沥青路面施工技术规范》(JTG F40—2004)和《公路沥青路面设计规范》(JTG D50—2006)提供关于"沥青路面整治工程新旧路面联结层"施工工艺及设计方法的补充;编制了青海省沥青路面整治工程新旧路面联结层设计及施工技术指南和青海省沥青路面整治工程新旧路面联结层设计及施工技术规范;课题专利申请4项(其中2项已授权);发表论文4篇(其中3篇为核心期刊)。

本课题研究成果已在青海省S202平安至大力加山公路病害整治工程、青海省湟源至倒淌河一级公路病害整治工程、香日德至花石峡公路、青海省茶卡至格尔木公路改扩建工程、省道103线西宁至甘禅口公路、天(峻)木(里)公路、青海省S101线多尕玛至久治段公路工程、G315线小柴旦湖至黄瓜梁段大中修工程和新疆维吾尔自治区G3012阿克苏至喀什高速公路工程建设中得到了成功应用,累计2 000多公里,延长使用年限、节约养护费用和技术应用费用可达7 000万元以上,提高了沥青路面的耐久性及其服务功能,确保了公路的安全、快捷、舒适及通畅,有效推动了行业技术进步和技术创新,具有推广应用价值。

2. 成果分类描述

(1)国内外研究现状调研

通过调研和查阅国内外相关文献资料表明:

①沥青路面整治工程中病害整治之前有必要准确分析病害机理,仅仅停留在病害调查和简单的力学分析对于病害机理研究是远远不够的,还需要进行沥青路面层间剪切滑移研究。

②联结层抗剪切强度不足是导致沥青路面病害整治工程出现剪切滑移类病害的主要原因之一,联结层抗剪切强度是室内试验评价结构稳定性的关键指标也是路面结构设计过程中需考虑的重要技术指标,在进行系统的室内试验之前,有必要就联结层抗剪切强度指标和评价方法展开深入研究。

(2)联结层力学响应分析研究

通过联结层力学响应分析可以得出:

①确定采用古德曼模型作为沥青路面整治工程新旧路面联结层模型。

②在荷载作用下,新旧路面层间联结作用差将直接导致接触面新旧路面层间正应力和剪应力突变,且随着联结作用的减弱,这种正应力和剪应力突变趋势不断增强。

③当新路面与旧路面结合越趋向于完全连续状态,其新旧路面层间正应力差的水平分布越趋于平衡,而其新旧路面层间最大剪应力差很小,且水平分布越趋于平衡。

④当新旧路面层间接触不良,层间的正应力差的水平分布呈现明显的不均布现象,而层间的最大剪应力差越大,且水平分布呈现明显的不均布现象。

⑤通过计算不同位置处层间各应力差值结果表明,车轮中心位置处为最不利位置,越靠近车轮中心位置,层间结合状态对正应力和最大剪应力突变的影响越大。

⑥在车轮中心位置处,不同层间接触状态对层间正应力和最大剪应力突变的分布图可以看出,层间联结作用的较差会导致接触面新旧路面层间出现正应力和剪应力突变,且随着联结作用减弱,这种趋势不断增强。

3. 联结层室内试验研究

通过对洒布类和稀浆封层类联结层室内剪切试验、拉拔试验和加压渗水试验结果得出:

(1)提出沥青路面整治工程新旧路面联结层室内复合试件成型方法。

(2)通过新旧路面联结层拉拔试验得到如下结论:

①在集料覆盖率为60%,90号道路石油沥青洒布量为$1.4kg/m^2$、SBS改性沥青洒布量为$1.6kg/m^2$、改性乳化沥青洒布量为$1.2kg/m^2$、乳化沥青洒布量为$1.0kg/m^2$下其抗拉性能最优。

②随着温度的升高,沥青表处式及同步碎石封层式联结层材料的抗拉强度均呈降低趋势。

③随温度的升高,稀浆封层ES-2型和ES-3型联结层材料的抗拉强度均呈降低趋势。

④稀浆封层ES-2型联结层材料的抗拉强度高于稀浆封层ES-3型联结层材料的抗剪强度。

(3)通过新旧路面联结层渗水试验得到如下结论:

①提出沥青路面整治工程新旧路面联结层透水性能检测方法及开发了检测装置。

②在集料覆盖率为60%,90号道路石油沥青洒布用量为$1.4kg/m^2$时可承受的水压最大、SBS改性沥青洒布用量为$1.6kg/m^2$时可承受的水压最大、改性乳化沥青洒布用量为$1.2kg/m^2$时可承受的水压最大和乳化沥青洒布用量为$1.0kg/m^2$时可承受的水压最大。

③稀浆封层ES-2型联结层材料承受水压的强度高于稀浆封层ES-3型联结层材料承受水压的强度。

(4)洒布类(沥青表处式和同步碎石封层式)联结层技术的抗剪强度和抗拉强度均优于稀浆封层类联结层技术的抗剪强度和抗拉强度,其性能评价依次为SBS改性沥青>90号道路石油沥青>改性乳化沥青>乳化沥青>ES-2>ES-3,建议在温度影响较大、交通量较大、路线线形坡度较陡及降雨量较大的地区沥青路面整治工程中新旧路面联结层优先选择洒布类联结层技术。

(5)稀浆封层类联结层技术承受水压力的强度优于洒布类(沥青表处式和同步碎石封层式)联结层技术承受水压力的强度,其性能评价依次为ES-2>ES-3>SBS改性沥青>90号道路石油沥青>改性乳化沥青>乳化沥青,建议在温度影响较小、交通量较小、路线线形比较平顺及降雨量较小的地区沥青路面整治工程中新旧路面联结层优先选择稀浆封层类联结层技术。

4. 联结层材料选择研究

通过对联结层材料中的集料和沥青胶结料关键指标进行系统研究,通过研究结果表明:

(1)采用4.75~9.50mm、9.50~13.20mm和13.20~16.00mm三种不同粒径规格的石灰岩集料,沥青采用90号道路石油沥青,沥青的洒布量为 $1.4kg/m^2$,集料覆盖率为60%条件下进行剪切试验,通过剪切试验结果表明三种不同集料粒径规格的联结层随温度的升高,其抗剪强度均呈降低趋势,并且三种不同集料粒径规格的联结层的抗剪强度依次为4.75~9.50mm > 9.50~13.20mm > 13.20~16.00mm。

(2)采用石灰岩、白云岩和花岗岩三种不同岩性的集料,集料的粒径规格采用4.75~9.50mm,沥青采用90号道路石油沥青,沥青的洒布量为 $1.4kg/m^2$,集料覆盖率为60%条件下进行剪切试验,通过剪切试验结果表明三种不同集料岩性的联结层随温度的升高,其抗剪强度均呈降低趋势,并且三种不同集料岩性的联结层的抗剪强度依次为石灰岩 > 白云岩 > 花岗岩,说明集料与沥青胶结料的黏附性越好,其抗剪强度越大。

(3)采用未水洗、水洗和石灰水预处理三种不同集料处理方式,集料的粒径规格采用4.75~9.50mm,沥青采用90号道路石油沥青,沥青的洒布量为 $1.4kg/m^2$,集料覆盖率为60%条件下进行剪切试验,通过剪切试验结果表明三种不同集料处理方式下的联结层随温度的升高,其抗剪强度均呈降低趋势,并且三种不同集料处理方式下的联结层的抗剪强度依次为石灰水预处理 > 水洗 > 未水洗。

(4)采用90号道路石油沥青、SBS改性沥青、乳化沥青和改性乳化沥青四种沥青胶结料,集料采用石灰岩,集料的粒径规格采用4.75~9.50mm,集料覆盖率为60%条件下进行剪切试验,通过剪切试验结果表明四种不同胶结料类型的联结层随温度的升高,其抗剪强度均呈降低趋势,并且四种不同胶结料类型的联结层的抗剪强度依次为SBS改性沥青 > 90号道路石油沥青 > 改性乳化沥青 > 乳化沥青。

5. 联结层施工工艺研究

对沥青表处式联结层施工工艺、稀浆封层式联结层施工工艺和同步碎石封层式联结层施工工艺的各个环节进行阐述,明确各工艺中各环节的质量控制和质量要求。

6. 试验路研究

(1)通过对试验路旧路面构造深度检测和抗滑摆值检测结果表明,现有旧路面的抗滑性能较差,表面比较光滑,已经不能满足路面实际使用性能。

(2)通过对试验路刚铺筑后实体工程联结层芯样高温剪切试验结果表明:

①原路面经过预处理,同步碎石封层式沥青胶结料采用90号道路石油沥青芯样的抗剪强度最大,并和室内最佳沥青胶结料洒布量、集料最佳撒布量下的抗剪强度尤为接近。

②原路面未经过处理,沥青表处式沥青胶结料采用乳化沥青芯样的抗剪强度最小。

③原路面未经过处理,A标和B标同步碎石封层式沥青胶结料采用90号道路石油沥青芯

样比采用110号道路石油沥青芯样的抗剪强度分别提高38.5%和34.6%。

④原路面经过处理,A标和B标同步碎石封层式沥青胶结料采用90号道路石油沥青芯样比采用110号道路石油沥青芯样的抗剪强度分别提高92.3%和88.5%。

(3)通过对试验路经过1年运营后实体工程联结层芯样高温剪切试验结果表明:

①试验路经过1年的运营后,其实体工程芯样的联结层高温抗剪能力均有所衰减,原路面经过预处理、采用90号道路石油沥青铺筑的联结层抗剪强度衰减最小,衰减仅为16.0%,而原路面未处理且采用乳化沥青、原路面未处理且采用90号道路石油沥青和原路面未处理且采用110号道路石油沥青铺筑的联结层抗剪强度分别衰减33.3%、21.1%和30.8%。

②试验路经过1年的运营后,原路面未经过处理,沥青表处式沥青胶结料采用乳化沥青芯样联结层的抗剪强度最小。

③试验路经过1年的运营后,原路面未经过处理,同步碎石封层式沥青胶结料采用90号道路石油沥青芯样比沥青胶结料采用110号道路石油沥青芯样联结层的抗剪强度提高55.5%,并且经过1年后其抗剪强度与按照设计文件(原路面未处理+110号道路石油沥青)2013年刚铺筑时芯样联结层的抗剪性能保持相当。

④试验路经过1年的运营后,同步碎石封层式沥青胶结料采用90号道路石油沥青、原路面经过处理后芯样联结层的抗剪强度比原路面未经过处理芯样联结层的抗剪强度提高了50%。

⑤试验路经过1年的运营后,同步碎石封层式沥青胶结料采用90号道路石油沥青、原路面经过处理后芯样联结层的抗剪强度比原路面未经过处理、采用110号道路石油沥青芯样联结层的抗剪强度提高约1.3倍。

四、成果应用情况

项目研究期间,成果已成功应用于青海省S202平安至大力加山公路病害整治工程路段,应用项目投入使用至今,提高了沥青路面的耐久性及其服务功能,延长沥青路面使用寿命,进而减少公路养护维修费用,同时确保了公路网的安全、快捷、舒适及通畅,具有良好的经济效益和社会效益。本课题研究成果在青海省G315线小柴旦湖至黄瓜梁、阿岱至李家峡段高速公路、青海省S101多尕玛至久治和新疆维吾尔自治区G3012阿克苏至喀什高速公路工程等8个项目沥青路面整治工程中推广应用,累计2 000多公里,延长使用年限、节约养护费用达7 000万元,截至目前,应用效果良好。

本课题研究成果《青海省沥青路面整治工程新旧路面联结层设计及施工技术指南》和《青海省沥青路面整治工程新旧路面联结层设计及施工技术规范》,将为沥青路面整治工程设计及施工提供技术参考,同时也适用于新建或改建工程中下封层的设计和施工。同时本课题的研究成果将为行业规范《公路沥青路面施工技术规范》(JTG F40—2004)和《公路沥青路面设计规范》(JTG D50—2006)提供关于"沥青路面整治工程新旧路面联结层"施工工艺及设计方法的补充。

该课题研究成果自2013年应用于青海省多条公路建设中以来,对于解决沥青路面推移、拥包及防治裂缝等病害取得了预期效果,同时也延长了沥青路面使用性能、降低后期修补和灌缝等维修养护费用。由于路面状况良好,确保了道路畅通后带来的运营收益,有助于更好地发挥公路的社会服务功能,确保公路网的安全、快捷、舒适、通畅、为使用者提供优质服务。对全国范围公路沥青路面联结层的设计具有直接指导意义,应用前景十分广阔。

五、经济社会效益

项目研究成果为沥青路面整治工程设计及施工提供技术参考,同时也适用于新建或改建工程沥青路面下封层的设计和施工。通过推广运用可显著解决沥青路面推移、拥包及防治裂缝等病害,有效延长了沥青路面使用寿命、降低后期修补和灌缝等维修养护费用。主要体现在以下几个方面:

(1)提高工程质量,延长公路适用寿命。该课题研究成果自2013年应用于青海省多条公路建设中以来,未出现车辙、推移和拥包等病害,有效提高公路使用寿命。

(2)提高通行效率,提升服务水平。由于路面状况良好,确保了道路畅通后带来的运营收益,有助于更好地发挥公路的社会服务功能,确保公路网的安全、快捷、舒适、通畅、为使用者提供优质服务,具有良好的社会效益。

(3)有效节约公路养护成本。按照研究成果的应用节省了养护费用、延长使用年限,仅从以应用的建设项目进行预算,可节约养护费用和技术应用费用、延长使用年限。课题研究成果具有很好的推广应用价值。

(4)保护生态环境。研究成果应用将降低施工过程中"碳""氮"等元素的排放量,可降低环境污染,保持生态稳定。

青海省交通科技项目

青海省沥青路面典型结构形式研究

项目编号：2004-05
任务来源：青海省交通科技项目
承担单位：青海省交通科学研究所
　　　　　长安大学
研究人员：徐安花　陈拴发　房建宏　邢明亮　熊　锐　黄世静　钱玉春
　　　　　黄　今　关博文　陈　红
评价时间：2011年12月12日
评价水平：国内领先

一、项目研究背景及必要性

青海省公路建设在过去十多年里发展迅速，路面整体质量也显著提高，由于普遍采用了强度高和水稳定性较好的无机稳定粒料半刚性基层，基本上消除了过去石灰土基层路面常见的春融翻浆、变形等病害，路面行驶质量和使用寿命大为改善，基本形成了以半刚性基层沥青混凝土路面为主，水泥混凝土路面为辅的路面技术现状。

与其他省份一样，青海省在路面技术实践中面临的一个问题是不少路面的实际使用寿命达不到设计使用年限就出现破坏。路面设计使用年限是指在规定期限内满足预测标准累计轴次所需承载力，并允许在期限内进行一次恢复路表功能的维修（罩面），路面应具有的使用寿命。按照现有路面设计规范，对于沥青混凝土路面，高速、一级公路路面使用年限为15年，二级公路为12年；对于水泥路面，一般使用年限应超过20年。而不少路面的实际使用情况远远达不到这个水平，除交通量大、重车多以外，有没有路面结构设计本身的问题？路面结构是否厚度不足？如果不认真分析造成这些路面早期破坏的原因，形成一致性结论，很难保证这些路面改建后不会出现同样的问题。

值得注意的是，无论是高速公路路面还是一般公路路面，不同路段，或同一路段的不同里程段落，总有一些使用性能和耐久性明显优于（或劣于）其他路段路面的情况。通过对路面使用过程中的性能调查分析，认真从结构设计、原材料、混合料组成设计、施工等各个环节进行分析总结，并将信息反馈到路面设计中去，必将大大提高路面设计质量，进而改善路面使用性能。

按照青海省公路建设规划,未来的二十年仍将面临数千公里的沥青路面公路建设任务。如何在现有沥青路面铺筑和使用经验基础上,进一步提高公路路面工程质量,实现全省公路路面质量再上新台阶,不仅关系到数额巨大的建设和养护资金的使用效益,还将对青海省路网整体服务质量产生重要影响。因此,开展青海省典型路面结构研究有着非常重要的现实意义。

二、研究内容

为适应青海省公路建设的高速发展,为青海省沥青路面设计、施工和养护决策提供科学依据,本项目针对青海省各地区独特的地质、交通、气候条件以及筑路材料供应情况,通过对现行沥青路面结构的探讨,在对青海省不同地区的沥青路面结构进行系统研究的基础上,推荐出合适的沥青路面结构形式,本项目的主要研究内容如下:

1. 青海省公路环境特征及现有沥青路面使用状况调查分析

根据青海省的地貌、气候、水文和水文地质、土质岩性、植被等自然条件,遵循自然条件的地带性以及公路设计、施工和养护的实际可操作性,将青海省公路区域划分为祁连山地区、柴达木盆地、青南高原和河湟谷地四个区域。

青海省属于高原大陆性气候,冬长夏短,寒冷季节长,气候变化急剧,年平均气温较低,昼夜温差大。青海省区内公路所使用的路面材料多利用区内资源,尤其是半刚性基层和底基层材料多采用青海省地区区内储量丰富的砂砾。

对青海省境内的交通量和交通组成情况、公路沥青路面主要结构形式、沥青路面破坏类型和产生病害的原因进行了调查,并对调查结果进行了分析,结果发现,地区沥青路面病害严重,但其交通量并不是很大,且交通量增长率不高,引起该地区沥青路面诸多病害的原因是其恶劣的气候环境。

2. 青海省沥青路面交通等级划分与土基强度分级研究

调查分析青海省交通状况,分析交通量的组成。在对现有的各个交通观测站的交通量调查资料统计分析的基础上,根据不同交通等级对路面基层或底基层产生大致相同并与施工协调的效应为原则,按标准轴载累计当量轴次进行交通分级。

结合青海省特别是盐渍土地区实际,提出青海省土基回弹模量下限要求,并按土基回弹模量对土基强度进行分级。

3. 青海省沥青路面材料研究

对青海省常用沥青路面基层材料水泥稳定碎(砾)石基层材料和级配碎(砾)石基层材料进行分析研究,并对其进行路用性能试验研究,结合混合料级配类型及其适用性试验分析结果,提出基于低收缩特性的材料技术要求以及组成设计方法。在级配碎石层吸收和消减半刚性基层裂缝机理研究的基础上,对级配碎石缓解层材料力学特性与稳定性能进行研究,进而提出级配碎石组成设计方法。

针对青海地区的气候特点及交通情况,对沥青结合料的低温特性、光老化特性进行试验研究,在此基础上对沥青结合料低温性能指标进行探讨,提出青海地区沥青路面适宜的结合料选择指标;基于沥青路面开裂机理,提出沥青混合料低温性能评价方法,研究沥青混合料在不同老化状态下的低温抗裂性能,并针对青海省沥青混合料低温抗裂性能和耐老化性能最为关键的现状,提出沥青混合料相应的性能指标要求及组成设计原则。

4. 青海省沥青路面典型结构应力分析

利用ANSYS对不同沥青路面结构组合形式在不同温度循环作用下的应力进行计算。对不同接缝间距的半刚性基层沥青路面在温度循环作用下的应力状况进行分析,确定半刚性基层合理接缝间距。利用均匀设计法安排参数组合,计算级配碎石缓解层模量,对设置级配碎石缓解层和级配碎石基层的沥青路面力学响应进行深入分析,得出相关规律。

5. 青海省沥青路面结构设计

在对沥青路面结构设计一般性设计原则与要求分析研究的基础上,针对青海省实际,提出基于路面结构防、排水性能的设计原则与要求,推荐水泥稳定类基层沥青路面和级配碎(砾)石基层沥青路面结构设计方法。

6. 青海省沥青路面典型结构推荐

根据交通等级划分、土基等级划分,推荐的路面材料设计参数、路面结构组计原则和设计标准,并结合青海省的工程实践,经综合分析,推荐出祁连山地区、河湟谷地、柴达木盆地和青南高原四个区域沥青路面典型结构,供有关单位设计时选用。

7. 典型沥青路面结构层施工工艺与质量控制

基于青海省独特的环境特征和材料本身的特性,提出了级配碎(砾)石层、Superpave沥青面层、SMA沥青面层等沥青路面结构层的施工工艺及施工质量控制要求。

三、研究成果

1. 青海省公路环境特征及沥青路面使用状况调查分析

(1)根据青海省自然条件的地带性及公路设计、施工和养护的实际可操作性,将青海省公路区域划分为祁连山地区、柴达木盆地、青南高原和河湟谷地四个区域。对青海省地区典型沥青路面的结构组合、结构层厚度及路面破坏类型做了调查,并对产生病害原因进行分析,发现引起该地区沥青路面诸多病害的原因是其恶劣的气候环境。

(2)通过对青海省气候和路面调查结果的分析,得出适用于该地区的路面基层及面层材料的使用性能要求:水泥稳定碎石基层材料应具有较高的早期强度及抗收缩性能,级配碎石缓解层材料应具有良好的力学特性和稳定性,沥青混合料面层材料应具有较好的低温抗裂性能和抗老化性能。

2. 青海省沥青路面交通等级划分与土基强度分级研究

(1)通过对青海省交通量及轴载组成的调查分析,确定了公路交通量分级,并以不同交通量等级对基层或底基层厚度产生大致相同的效应为依据,按标准轴载累计当量作用次数对青海省公路交通量进行了合理分级(表1)。

(2)通过调查和力学计算,验证了30MPa作为青海省公路土基模量下限值的合理性,并按照以相邻等级土基对其厚度不产生较大的变化为分级原则,对土基回弹模量进行了合理分级(表2)。

青海省交通等级划分标准　　　　　　　　　　　表1

交通等级		累计当量轴次(10^6n/d)
特重交通	T_1	20.0~35.0
重交通	T_2	10.0~20.0
中等交通	T_3	5.0~10.0
	T_4	2.0~5.0
轻交通	T_5	1.0~2.0
	T_6	0.5~1.0
	T_7	<0.5

土基强度等级划分　　　　　　　　　　　表2

土基强度等级	回弹模量范围(MPa)
S1	30~40
S2	40~65
S3	>65

3. 青海省沥青路面材料研究

(1)通过理论与试验对比分析,骨架密实级配的水泥稳定碎石基层具有良好的抗裂性,适用于青海省早晚温差大、降温速率快的环境特点,并根据经验及理论计算得出一组骨架密实级配范围,通过对比分析,其抗干、温缩性能良好,尤其在抗温缩方面,适合以温缩为主的青海省使用。青海地区级配碎(砾)石基层沥青路面结构组合如图1所示。

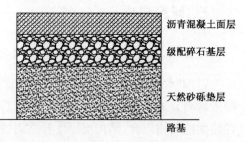

图1　青海地区级配碎(砾)石基层沥青路面结构组合

(2)试验表明CBR值和剪切强度可以较全面地表征级配碎石的强度特性和抗变形能力,尤其是抗塑性变形能力。因此,提出级配组成设计的控制参数包括级配参数和性能控制参数,并以渗水系数、抗冻指数为验证指标,提出了双指标控制的级配碎石组成设计方法。

(3)基于青海省的气候特点及交通情况,对四种基质沥青和两种改性沥青结合料的低温特性、光老化特性进行了系统的试验研究,结果表明10℃延度能较好地评价沥青结合料的低温性能,反映出沥青结合料的低温抗裂性。老化使基质沥青的低温抗裂性能降低,且PAV对沥青结合料的老化程度要比RTFO强烈。此外,光老化会使沥青结合料的理化性质发生变化,应将其作用效果作为沥青结合料的一个性能指标来评价沥青结合料的性能。

(4)通过对沥青结合料低温性能指标的系统探讨,提出了青海省沥青路面适宜的结合料选择原则及沥青结合料低温性能技术指标要求,为青海省路面沥青材料选择提供了依据。

(5)针对沥青路面各结构层对材料的性能要求,结合盐渍土地区的特性,主要进行了盐渍土地区沥青混合料配合比设计及沥青混合料面层受硫酸盐侵蚀作用的分析,得到了无盐条件下和受盐分侵蚀后沥青性能及沥青混合料路用性能的变化规律。

(6)基于青海省沥青路面开裂机理,提出了沥青混合料低温性能评价方法。通过小梁低温弯曲试验和低温劈裂试验研究了沥青混合料在不同老化状态下的低温抗裂性能,并针对该地区沥青混合料低温抗裂性能和耐老化性能最为关键的现状,提出了沥青混合料相应的性能指标要求及组成设计原则,为青海省基于路面使用功能的沥青混合料设计提供依据。

4. 青海省沥青路面典型结构应力分析

(1)在系统论述柔性基层和半刚性基层沥青路面结构特点的基础上,根据实地调研结果,结合柔性基层和半刚性基层沥青路面在青海省各地区的使用情况,对现有的沥青路面结构进行了适用性分析,以实现青海省沥青路面结构形式的合理化。

(2)根据青海省半刚性基层沥青路面的特点,利用有限元软件建立了二维有限元模型,对半刚性基层沥青路面在温度循环作用下的温度应力进行了计算。结果表明:沥青面层厚度对面层层底(基层顶面)最大温度应力的影响要大于其对路表温度应力的影响;沥青路面路表和面层底的最大温度应力均随着沥青混合料的温缩系数、沥青面层模量和日温差的增大而增大,但路表的最大温度应力随着这三个参数的变化更加明显。

(3)对预切缝半刚性基层沥青路面未出现预反射裂缝前在温度循环荷载作用下温度应力在路面纵向和竖向的分布情况进行了分析。在沥青路面未出现预反射裂缝时,其预切缝中心处沥青路面面层底最大温度应力随着切缝宽度的增加逐渐增加,预切缝中心处沥青路面温度应力在路面深度方向上的最大值出现在面层层底。预切缝中心处的路表和面层底最大温度应力随着沥青混合料温缩系数、日温差的增大而增大,但路表最大温度应力增大的速率快于面层底。预切缝间距越小,沥青路面路表和面层底最大温度应力越小,设置切缝的效果越明显。当预切缝间距相同时,面层厚度对路表和面层底最大温度应力影响很大,面层厚度越厚,路表和面层底的最大温度应力越小。此外,确定出基于温度应力的水稳基层合理预切缝间距。

(4)对级配碎石缓解层的防裂机理进行了分析,得到:

①级配碎石作为散粒结构,具有不传递拉应力、拉应变以及级配碎石缓解层本身处于三向受压的特殊受力状态。这种结构上的特点及受力状态使其能充分吸收其下层裂纹释放的应变

能,从而达到止裂效果。

②级配碎石的隔离作用,大大改善了半刚性基层的温度、湿度状况(尤其是温度),极大地减小了半刚性基层遭受的温度变化、温度梯度及湿度变化,从而从根本上大大消除和减轻了半刚性基层的温缩和干缩,减少了反射裂缝。

(5)采用基于弹性层状体系解的 KENLAYER 迭代程序对级配碎石缓解层模量进行非线性分析,通过正交设计法分析了六个路面结构参数:沥青面层厚度、沥青面层模量、级配碎石缓解层厚度、半刚性基层厚度、半刚性基层模量、土基模量,以及动模量参数对级配碎石缓解层模量的影响规律及其影响的显著性。利用均匀设计法安排参数组合,计算级配碎石缓解层模量,采用最大继承法的拟合算法,拟合出级配碎石缓解层模量的实用计算公式。

(6)考虑级配碎石材料的非线性,采用弹性层状体系分析程序迭代方法,对级配碎石缓解层沥青路面弯沉、沥青面层底面弯拉应变、级配碎石缓解层塑性变形量、级配碎石层顶面竖向剪切应力、半刚性层底弯拉应力以及土基顶面竖向压应变进行了深入分析,得出相关规律,为级配碎石缓解层沥青路面结构设计提供参考。

(7)对于级配碎石基层沥青路面的结构受力分析表明:减小沥青层底部拉应变最有效的方法是增加沥青层厚度或基层的模量;减小土基压应变最有效的方法是增加粒料基层的厚度或增加土基的模量;对级配碎石层模量影响最大的因素是面层厚度以及级配碎石层的厚度;增强级配碎石层的模量对整个路面结构均有利。当级配碎石层达到一定厚度(50cm)后,再增加厚度时,贡献将不明显;沥青面层内的剪应力峰值大小及其所处位置随厚度变化相差很小,面层大约 5~10cm 区域为剪应力敏感区;面层模量的增加使其内部剪应力敏感区下移;级配碎石层模量的增加使面层内部剪应力敏感区减小。

5. 青海省沥青路面结构设计

(1)针对青海地区的特殊气候及地质条件,提出了该地区沥青路面的一般设计原则。同时对青海地区半刚性基层沥青路面,指出其设计重点,归纳总结了特殊环境下的半刚性基层沥青路面设计步骤以及设计流程。

(2)为了缓解青海地区反射裂缝问题,研究了级配碎石缓解层的沥青路面设计,并提出了该路面的设计指标,包括沥青层底弯拉应变、级配碎石层顶面竖向剪切应力、半刚性层底弯拉应力和路基顶面压应变。

6. 青海省沥青路面典型结构推荐

(1)针对青海省半刚性基层沥青路面普遍存在的反射裂缝问题,推荐了设置级配碎石缓解层的沥青路面结构,提出了设计指标,归纳总结了该结构的设计步骤以及设计流程。

(2)在交通等级划分和土基强度分级的基础上,充分考虑青海省各地区(祁连山地区、柴达木盆地、青南高原以及河湟谷地)自然气候环境,结合青海省沥青路面结构的适用性,推荐了青海省典型地区沥青路面典型结构形式。

7. 典型沥青路面结构层施工工艺与质量控制

铺筑了试验路实体工程[级配碎(砾)石层、Superpave 沥青面层、SMA 沥青面层],结合青海省的环境特征和材料特性,提出该地区沥青路面结构的施工工艺和施工质量控制要求。

四、成果应用情况

本项目依托 G215 线大柴旦至察尔汗盐湖段公路。G215 线大柴旦至察尔汗盐湖段为二级公路,起点 K462+250 位于大柴旦西侧,与大柴旦西出口路相接,终点位于 K595+105.988 察尔汗,沿线海拔在 2 680 ~ 3 450m 之间。

项目在研究过程中,充分结合大察公路施工,在青海省境内 G215 线上(K462+250 ~ K488+000)铺筑了试验路。通过对试验路进行相关路用性能的观测和分析,对级配碎(砾)石柔性基层施工工艺与质量控制、Superpave 沥青面层施工工艺与质量控制、SMA 沥青面层施工工艺与质量控制进行了系统研究,使青海省的沥青路面使用品质优良、坚实耐用。施工现场的路面摊铺、碾压如图 2、图 3 所示。

图 2 摊铺

图 3 碾压

课题研究针对青海省的气候、地理、土质、材料、施工水平等,提出了相应的沥青路面结构,如表 3 所示。

G215 大察公路试验路段沥青路面结构 表 3

4cm Superpave-13	4cm SMA-13
5cm AC-20	5cm AC-20
15cm 级配碎石中间层	15cm 级配碎石中间层
20cm 水泥稳定砂砾基层	20cm 水泥稳定砂砾基层

项目从现有路面技术状况调查、青海省路面材料调查、青海省目前常用的路面结构层类型总结分析、青海省路面结构组成横断面的构成评价、青海省典型路面结构设计、不同路面结构组合的典型结构的路面施工质量控制的关键环节和控制措施等方面展开研究,取得了一批重要的研究成果,并且充分结合大察公路施工,在青海省 G215 线上(K462+250 ~ K488+000)

铺筑了试验路,取得了较好的效果,可为青海省公路建设项目沥青路面结构形式提供强有力的理论依据和方法指导。

五、经济社会效益

项目从青海省公路环境特征及现有沥青路面使用状况调查分析、青海省沥青路面交通等级划分与土基强度分级研究、青海省沥青路面材料研究、青海省沥青路面典型结构应力分析、青海省沥青路面结构设计、青海省沥青路面典型结构推荐、典型沥青路面结构层施工工艺与质量控制等方面展开研究,针对青海省实际,提出了各公路区域基于路面结构防、排水性能的设计原则与要求,提出了各公路区域沥青路面的典型结构,提出了不同路面结构施工质量控制的关键环节和控制措施,对于提高全省公路路面工程整体质量,延长路面使用寿命,进一步提高全省公路路面施工和养护资金的使用效益具有积极作用。

察尔汗盐湖地区软弱盐渍土公路路基稳定性研究

项目编号： 2009-02
任务来源： 青海省交通科技项目
承担单位： 青海省交通科学研究所
青海省高等级公路建设管理局
中交第一公路勘察设计研究院有限公司
研究人员： 房建宏　付大智　徐安花　张留俊　李群善　张文杰　张海水
马生奎　刘军勇　郑庆军　赵大虎　仲玉刚
评价时间： 2013 年 12 月 28 日
评价水平： 国内领先

一、项目研究背景及必要性

柴达木盆地南部的察尔汗盐湖是中国最大的内陆盐湖，有中国"死海"之称。其地质状况为：自地表以下 9m 左右为结构致密的岩盐，主要成分为氯化盐及硫酸盐，岩盐层中充满着饱和的晶间卤水，晶间卤水矿化度达到 310～440g/L，硫酸盐、氯盐具有遇水溶解的特性，溶解产生的 SO_4^{2-}、Cl^- 对混凝土具有极强的腐蚀性。

该区已有工程为青藏铁路及现有 G215 线（为二级公路）。据调查，铁路路基设计时，对于下伏盐盖较厚的路段，利用盐盖作为路基持力层；对于盐盖较薄、地基承载力较低的路段，采用砂砾桩复合地基作为路基持力层。现有 G215 设计时，考虑到公路等级较低，对于盐渍土的工程病害主要采用隔断层方案。实践证明，由于盐溶影响，铁路和公路路基都已经产生了不同程度的沉陷，察尔汗盐湖地区已有工程的处治措施不尽合理，工程病害并未得到根治。

察尔汗至格尔木高速公路是我国第一条在内陆盐湖上修建的高速公路。察尔汗盐湖主要分布着过盐渍土，盐湖南部边缘往格尔木方向逐渐变为强盐渍土，含盐类型以氯盐型为主，个别路段为亚氯盐型。公路所经路段为盐渍化软土地基，经技术分析，地基需进行处理。由于察尔汗盐湖工程水文地质条件显著区别于其他一般软弱地基的工程水文地质条件，另外，公路盐渍化软土地基的处理可借鉴的经验较少，公路在修建过程中遇到了前所未有的技术困难。

二、研究内容

本项目以柴达木地区的交通建设为背景,以现场调查、室内外试验为基础,以察尔汗盐湖软弱盐渍土及其改良土在气候环境综合变化作用下的特性为主线,以非饱和土力学和冻土力学为依据,以冻融、干湿循环下土的力学性质试验及现场试验路工程的修建为手段,通过测试和分析,认清察尔汗盐湖软弱盐渍土路基在气候环境变化下的病害发生机理及合理的加固改良手段。

(1)通过收集相关的文献资料、现场调查与踏勘,弄清柴达木盆地察尔汗盐湖软弱盐渍土地区的主要公路路基病害,如松胀、盐胀、冻胀和翻浆、溶蚀和退盐、盐渍土对桥涵及构造物的腐蚀等。利用当地气象、水文观测资料,分析察尔汗盐湖软弱盐渍土地基的温度、湿度状态随气候、季节的变化规律及变化范围,确定室内进行冻融、干湿循环试验时的温度、含水率变化主控上下限阈值。初步分析察尔汗盐湖软弱盐渍土公路路基病害的发生与季节更替之间的关系。

(2)通过勘探取样,对柴达木盆地察尔汗盐湖软弱盐渍土的基本物理、化学、力学性质进行测试,获取该种特殊土一般的工程特性。利用可控制湿度与温度的土样干湿循环备样装置,用三轴试验系统确定察尔汗盐湖软弱盐渍土样品的土水特征曲线随干湿循环幅度和次数的变化关系,同时进行不同干湿循环幅度和次数土样的非饱和三轴试验,得出察尔汗盐湖软弱盐渍土的变形、强度与吸力、水分变化之间的内在关系,并建立其定量相关关系。

(3)开展温度对盐渍土强度的影响规律研究。研究冻融循环下察尔汗盐湖软弱盐渍土的松胀、盐胀、冻胀和翻浆等发生规律和机理,并进行不同冻融循环幅值和次数作用下,察尔汗盐湖软弱盐渍土的力学性质试验,得出强度、变形规律与冻融循环幅值和次数之间的规律,并建立其定量相关关系。

以上关于干湿、冻融循环下土的力学性质试验,为察尔汗盐湖软弱盐渍土路基病害的分析提供理论参考。

(4)进行室内察尔汗盐湖软弱盐渍土的改良试验,考虑通过无机结合料进行改良(水泥+石灰、石灰)和高分子化学改良。进行不同材料配比的改良土在温度、湿度环境作用下的力学性质的试验研究,得出适合该类特殊土的最优改良方法及材料配比关系。

(5)通过依托工程开展试验路建设和测试。对察尔汗盐湖软弱盐渍土采取不同的地基处理方法,各自修筑一定长度的试验路,通过对处治后路基的弯沉、CBR、回弹模量等各项指标进行现场测试,主要解决以下几个方面的问题:

①固化材料的选取、材料的配合比、材料的现场施工技术;
②挤密碎石桩的施工工艺、置换率、材料选择、耐腐蚀性等问题;
③石灰、水泥土桩的可行性,材料的选择,置换率,施工工艺,桩型;
④强夯动力固结的夯击能、施工次序;

⑤级配碎石垫层的材料选择、耐腐蚀性、合理设计厚度、级配、不均匀系数。

三、研究成果

本研究在总结国内外关于盐渍土研究现状的基础上,确定以察尔汗盐湖地区软弱盐渍土公路路基稳定性作为研究内容。在充分认识该地区路基病害类型和成因的基础上,开展了一系列的基础物理性质试验、现场气象试验、冻融循环试验、直剪试验、现场地基处理和路基施工措施、现场路基稳定性检测试验研究,详细分析阐述了冻融次数、含水率变化、不同地基处理方法、不同路基稳定性检测手段对软弱盐渍土工程特性的影响规律。

1. 主要结论

(1)通过大量的室内易溶盐化学试验和现场气象调查及相关试验,对察尔汗盐湖地区盐渍土分布状况以及水热状态特征进行了详细的分析研究;对该地区进行了1955—2008年月平均气温变化的数据采集,最终分析确定了在温度方面影响盐渍土的月份,为地温等试验资料的选择提供前期依据。

对该地区进行了1955—2008年平均月降水量和1970—2000年平均月蒸发量的数据采集,确定该地区盐渍土中盐分受降水量和蒸发量的影响情况。

根据该地区气温的调查资料,对该地区进行了从2010年12月初至2011年3月底气温以及土体不同深度位置(地表,地表下40cm、80cm、160cm和320cm)的地温观测试验,从而确定温度对盐渍土影响的变化界限值,为之后的试验提供依据。

(2)在该地区分别进行了砾石桩、强夯置换、强夯和冲击碾压四种地基处理,对其施工工艺、施工要点和处治效果等进行阐述和评价,同时在该地区进行了卤水池换填技术、岩盐填筑技术和隔断层技术的应用和研究,对其应用原理、处治方法和处治效果进行阐述和评价,为今后在类似地区的公路修筑提供参考依据。

(3)在现场提取土样,进行了含水率变化室内试验。含水率对盐渍土变形和黏聚力的影响很大,当含水率大于最优含水率3%时,相应的两类土样黏聚力会有大幅度减小;当含水率小于最优含水率3%时,相应的两类土样黏聚力会有大幅增大。试验结果如图1~图4所示。

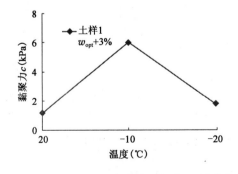

图1 土样1,w_{opt}+3%黏聚力随敏感温度区间变化情况

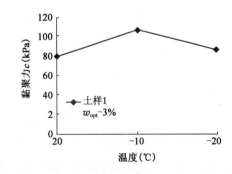

图2 土样1,w_{opt}-3%黏聚力随敏感温度区间变化情况

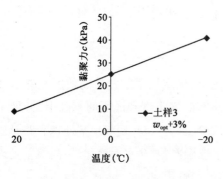
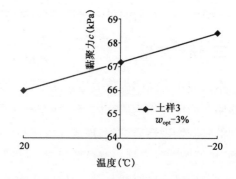

图3　土样3,w_{opt}+3%黏聚力随敏感温度区间变化情况　　图4　土样3,w_{opt}-3%黏聚力随敏感温度区间变化情况

土样1变形会在最优含水率上下随着含水率的增大变形增加,随含水率的降低变形会减小;土样3在最优含水率时,盐胀变形率达到最大。试验结果如图5～图8所示。故含水率对盐渍土体积和强度变化影响很大,尤其是高含水率盐渍土必须予以重视。在路基施工和道路使用时应做好防水、排水措施。

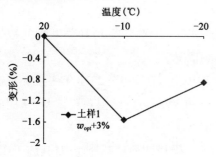
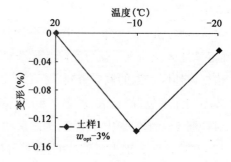

图5　土样1,w_{opt}+3%变形随敏感温度区间变化情况　　图6　土样1,w_{opt}-3%变形随敏感温度区间变化情况

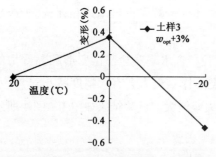
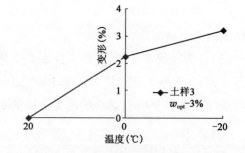

图7　土样3,w_{opt}+3%变形随敏感温度区间变化情况　　图8　土样3,w_{opt}-3%变形随敏感温度区间变化情况

(4)在现场提取土样,进行了冻融循环室内试验。土样1在低温环境下降、升温循环过程中,土体随着循环次数的增加体积变小,黏聚力增加,在循环4次时,体变达到稳定,黏聚力也趋于稳定;土样3在低温环境下降、升温循环过程中,土体随着循环次数的增加体积变大,黏聚力减小,在循环9次时,体变达到稳定,黏聚力也趋于稳定,并提出了黏聚力和变形与循环次数之间的数学拟合方程。试验结果如图9、图10所示。

(5)在现场进行路基稳定性检测试验,内容包括地表沉降、土压力、地下水位、地基温度场试验等,为察尔汗盐湖区未来公路、铁路发展建设以及工民建工程提供更为可靠翔实的技术支持,也为察格高速公路未来路基养护提供依据。

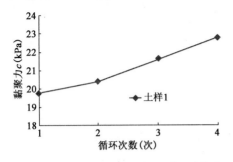

图9 土样1,冻融循环对土样黏聚力影响情况

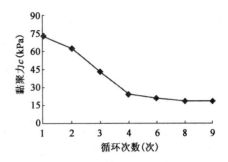

图10 土样3,冻融循环对土样黏聚力影响情况

2. 主要创新点

(1)通过收集已有研究成果并结合现场勘探资料,对察尔汗盐湖地区工程地质情况和水文地质情况进行调查,研究该区域盐渍土的分布特点和分布特性,对该区的盐渍土进行区域划分。主要是弱盐渍土用作路堤填料方面的研究,研究路堤填料压实工艺,确定压实参数,解决细粒弱盐渍土不易压实的技术难题;通过压实盐渍土路堤填料强度指标试验分析,评价弱盐渍土用作路堤填料的可行性。通过课题的研究,提出针对察尔汗盐湖地区弱盐渍土路堤的压实技术。

(2)通过大量的室内易溶盐化学试验和现场气象调查和试验,对察尔汗盐湖地区盐渍土分布状况及水热状态特征进行分析研究,为开展下一步室内冻融循环试验等提供试验参数和依据。对盐渍土在要求压实度作用下,以最优含水率为标准,上下变化含水率,得出含水率变化对于盐渍土力学特性的影响。根据地层温度资料确定的温度上下限幅值,对其进行冻融循环试验研究,得出循环幅度与次数对盐渍土强度的影响。

(3)通过调查国内盐渍土地区软弱地基处治方案,结合察尔汗盐湖地区的工程水文地质条件,推荐本区域软弱地基的处治方案,论证方案的合理性。建立试验段工程,并根据软弱地基处治施工过程中出现的问题,优化处治方案,提出盐渍化软土地基处治方案的设计与施工技术。结合察尔汗盐湖地层分布特点、现有工程的处治技术和现场试验路施工情况,研究卤水沟回填处治技术、隔断层技术。

(4)为验证地基处理的有效性,保证路基的稳定,在不同地基处理段有针对性地进行路基稳定性监测,包括地基地表沉降观测、水位观测、土压力观测、地基温度和湿度观测等,为以后我国盐渍土地区高速公路建设积累经验和提供技术咨询。

四、成果应用情况

察尔汗至格尔木高速公路是国道215线的重要组成部分,项目位于青海省西部的海西蒙古族藏族自治州,地理坐标东经95°27′36″~95°02′45″,北纬37°06′47″~36°21′56″之间。路线起点在涩北气田交叉路口以南约10km接原G215线K585+000处,路线总体走向由东北向西南,经察尔汗盐湖、加尔苏站、鱼水河后,跨过格尔木河转向西南,终点为 K664+769.064,在格尔木市天山路与青藏公路的衔接点相接并设置平交。路线全长 80.052km,公路通过全线最不良地质段——察尔汗盐湖,长度为 32.25km。

结合察尔汗盐湖地区特殊的工程水文地质情况和区域气候条件,不同的地质分段采用不同的地基处治方案。

1. 换填处治方案

盐田卤水池盐渍化软土地基段,地表常年积水且有不间断卤水供应,地基湿软,强夯机及砾石桩机无法进入场区进行施工,综合考虑,地基采用片块石+砾石土换填方案。

2. 砾石桩处治方案

盐湖区构造物(桥涵、通道)两端和盐盖过渡段软土地基采用砾石桩处理方案(图11),将硬塑的低液限黏土层、粉土层和密实的盐晶层作为持力层,提高地基承载力,减少构造物台背差异沉降和地基的工后沉降。

图11　砾石桩施工与桩体排水

3. 强夯置换处治方案

察格高速公路盐渍化河漫滩路段,地表排水条件差,工程地质层比较单一,主要为低液限粉土和粉土质细砂,天然孔隙比 $e>1$,且盐渍化软土地基处于湿~饱和状态,细砂层稍松~中密,部分路段地基具有液化性,地基处理拟采用强夯置换处理方案,加速地基土排水固结,提高地基承载力。

4. 冲击碾压处治方案

《公路冲击碾压应用技术指南》指出,25kJ 三边形冲击压路机处理湿陷性黄土的有效影响深度为 1.4m 左右,对于厚度较薄的湿陷性黄土和具有中~高的软土地基具有明显的处理效果,且具有施工速度快、不受周围环境制约、造价较低等优点。对于盐渍化软土地基,冲击碾压可消除地基浅层低液限粉土的高压缩性,使低液限粉土层成为硬壳持力层,起到扩散应力、提高地基承载力的作用。在察尔汗盐湖区边缘南部地基表层主要为低液限粉土,稍湿～湿,厚度为 0.8～1.3m,软塑～硬塑,具有中～高压缩性和溶陷性,可采用冲击碾压消除地基土的压缩性和溶陷性,提高地基承载力。

5. 岩盐填筑方案

为研究岩盐填筑技术在察尔汗盐湖区的适用性,在 ZK593+600～ZK593+820 和 ZK593+880～ZK594+130 设置试验段,路堤采用岩盐填筑。各地基处理段处治方案如表1所示。

地基处治段落划分及处治方案　　　　表1

地基处治段落	桩号	处治方案
盐盖(盐晶)层过渡段	ZK593+820～ZK595+179 ZK595+870～ZK603+380	砾石桩
盐田卤水池盐渍化软土地基段	ZK595+179～ZK595+870	片块石+砾石土换填
盐渍化河漫滩地基段	整体式路基 K603+062～K617+830	强夯置换
压缩性薄层盐渍化软弱地基段	整体式路基 K617+830～K623+000	冲击碾压
岩盐路堤试验段	ZK593+600～ZK593+820 ZK593+880～ZK594+130	岩盐填筑

注:所有地基处理段桥涵、通道等构造物两端各30m,地基采用砾石桩处理。

五、经济社会效益

为了更好地比较各种路基处治措施方案的经济性,结合察格高速公路路基处治方案实际情况,在计算各种路基处治措施处治 1km 软弱路基单价时路基宽度统一定为 26m,涉及处治深度的统一定为 6m。各种路基处治措施处治 1km 软弱路基费用如表2所示。

察格高速公路试验工程单价对比分析一览表　　　　表2

方案	处治方案	单价(万元/km)	地基处治段落
方案一	砾石桩	573.91	盐盖(盐晶)层过渡段
方案二	片块石+砾石土换填	3 744.00	盐田卤水池盐渍化软土地基段
方案三	强夯置换	104.00	盐渍化河漫滩地基段
方案四	冲击碾压	23.40	压缩性薄层盐渍化软弱地基段

根据表2可知,单从处理 1km 软弱路基费用来看,片块石+砾石土换填路基处治方案费用最大,而冲击碾压处治方案则费用最小。

从项目后期跟踪观测结果来看,各种地基处治方案均能达到设计要求,具有较好的使用效果,同时依据当地自然气候条件、地质条件及室内试验结果分析,各种路基处治方案均可有效提高地基承载力,减少工后沉降,延长路基使用寿命,降低养护维修费用,具有良好的经济效益。

察尔汗盐湖地区公路桥梁涵洞基础形式及耐久性研究

项目编号： 2009-01

任务来源： 青海省交通科技项目

承担单位： 青海省交通科学研究所

　　　　　　青海省高等级公路建设管理局

研究人员： 房建宏　付大智　徐安花　李群善　张文杰　张海水　马生奎

　　　　　　薛兆锋　郑庆军　赵大虎　仲玉刚

评价时间： 2013年12月28日

评价水平： 国际先进

一、项目研究背景及必要性

"察尔汗"蒙古语的意思是"盐泽"。察尔汗盐湖为内陆封闭高浓度现代湖盆，四周被昆仑山、阿尔金山、当金山、祁连山环绕，得不到海洋湿润气候的调节，属于典型的大陆性气候，表现为多风、干燥少雨、温差大等特点。区内最高气温为35.5℃，最低气温为-28.4℃，年平均相对湿度23%，最大风速40m/s，年平均降水量约为25mm，最小降水量不足10mm（1965年），日最大降水量为13mm（1969年9月24日）。年蒸发量高达3 490mm，为降水量的130倍以上。多数湖面受强烈蒸发作用结晶成干硬盐壳，仅有部分区域有高矿化度水滞留成湖。干涸盐湖区域地表盐壳厚0.2~0.6m，盐壳以下为结晶盐粒，结构松散，再往下逐渐胶结紧密。盐晶空隙之间全部充满卤水，水位距地表0.2~0.8m，盐层厚度自湖心向南北两端逐渐变薄，厚度10~18m，最厚处达23.5m，青藏铁路部分地段岩盐层最厚达17.7m。岩盐遇淡水或低矿化度水极易溶解，会导致地基沉陷，工程病害较为突出。

该区已有工程为青藏铁路及现有G215线（为二级公路）。据调查，铁路路基设计时，对于下伏盐盖较厚的路段，利用盐盖作为路基持力层；对于盐盖较薄、地基承载力较低的路段，采用砂砾桩复合地基作为路基持力层。现有G215设计时，考虑到公路等级较低，对于盐渍土的工程病害主要采用隔断层方案。实践证明，由于盐溶影响，铁路和公路路基都已经产生了不同程度沉陷，察尔汗盐湖地区已有工程的处治措施不尽合理，工程病害并未得到根治。

我国盐渍土分布广泛,多条既有线路和新建高速公路位于或穿越盐渍土地区,由于青海省察尔汗盐湖地区其特有的气候条件,该地区公路桥梁涵洞会受到盐渍土腐蚀等病害,严重影响建筑物寿命及行车安全。因此,寻求影响盐渍土地区公路桥梁涵洞适应的基础形式及耐久性处理办法,将对预防类似地区病害提供工程参考。

二、研究内容

本项目在总结国内外研究现状的基础上,确定以察尔汗盐湖地区公路桥梁涵洞基础形式及耐久性作为研究内容。在对该地区盐渍土对钢筋混凝土腐蚀等病害类型和成因充分认识的基础上,开展一系列的基础物理性质试验,对桥梁涵洞基础类型的选择、施工工艺、现场地基处理施工措施、桥梁涵洞基础腐蚀性检测试验及长期性能检测系统布设进行研究。

根据相关地质情况资料调查、现场地质勘探以及施工过程中出现的问题,提出察尔汗盐湖地区公路桥梁涵洞基础形式及耐久性技术,解决在盐湖地区的桥梁基础设计方案的问题,也使施工工艺变得简单易行。通过室内外试验和建立察尔汗盐湖区公路现场温度、湿度和基础防腐蚀性长期性能检测系统,对察尔汗盐湖地区公路桥梁涵洞基础形式及耐久性进行研究,进一步验证研究成果。采用该技术可避免桥梁井桩深基础施工,大大减小对既有地基的扰动,减少废弃物的产生,既节约施工材料,减少投资,又促进环保,有效地保护了青藏高原脆弱的生态环境。

在介绍盐湖地区混凝土腐蚀破坏的机理的基础上,提出"抗""防"结合的措施,总结在此环境下水泥混凝土的施工和防护方法,技术先进,可操作性强,为以后在类似环境中混凝土工程施工提供借鉴经验,也可供水工、海工混凝土工程参考,有效地利用岩盐结构的整体性及自身的物理力学特性,解决基础选型问题,为同类工程地基基础的设计与施工提供参考依据;利用防水土工膜、防水卷材、沥青混凝土等材料的隔水作用,解决盐湖地区基础混凝土的防水、防腐问题,确保地基(岩盐)不受洪水及卤水侵蚀,达到混凝土防腐的目的,保证桥梁涵洞基础稳定;盐湖地区桥梁、涵洞工程采用浅基础施工,减小圬工量,从而降低工程造价,缩短施工工期,经济社会效益显著;避免桥梁井桩深基础施工,大大减小对既有地基的扰动,环保节能,有效地保护青藏高原脆弱的生态环境。

本项目实施方案具体包括以下几个方面:

(1)收集盐渍土领域相关研究成果,针对本项目的特点进行分析总结;

(2)调查分析察尔汗盐湖盐渍土的分布状况、分布特性,对该区的盐渍土进行区域划分。并根据分区研究成果,对不同盐渍土区域的工程性质进行评价,研究察尔汗盐湖地区盐渍土的发生机理、发展趋势及其工程特性;

(3)针对该盐渍土地区特点,设计不同桥梁涵洞基础形式、防腐蚀处治技术方案;

(4)结合工程项目,开展试验路工程,并研究相关施工工艺,验证课题研究成果的可行性;

(5)结合试验路工程验证结果,进一步深入理论分析,补充相关试验研究,完善课题研究

成果;

(6)根据课题研究成果,完善察尔汗盐湖至加尔苏公路设计与施工技术,保障研究成果顺利推广。

三、研究成果

察尔汗至格尔木高速公路是我国第一条在内陆盐湖上修建的高速公路。察尔汗盐湖主要分布着过盐渍土,盐湖南部边缘往格尔木方向逐渐变为强盐渍土,含盐类型以氯盐型为主,个别路段为亚氯盐型。公路所经路段为盐渍化软土地基,经技术分析,地基需进行处理。由于察尔汗盐湖工程水文地质条件显著区别于其他一般软弱地基的工程水文地质条件。另外,公路盐渍化软土地基的处理可借鉴的经验较少,公路在修建过程中遇到了前所未有的技术难题。

本项目在对察尔汗盐湖地区盐渍土对钢筋混凝土腐蚀等病害类型和成因充分认识的基础上,开展了一系列的基础物理性质试验,对桥梁涵洞基础类型的选择、施工工艺、现场地基处理施工措施、桥梁涵洞基础腐蚀性检测试验及长期性能检测系统布设进行了研究,提出察尔汗盐湖地区公路桥梁涵洞基础形式,以及在施工中对钢筋混凝土构筑物的防腐蚀设计及保护措施;对察尔汗盐湖地区公路桥梁涵洞基础,在内部埋置检测腐蚀性的试验设备,有效掌握基础构筑物的工作状态,对构筑物进行防腐蚀的长期性能检测。

1. 主要研究成果

(1)对察尔汗盐湖地区盐渍土公路工程性质进行了研究分析,提出了工程地质分区,将察尔汗盐湖区划分成工程地质区、亚区,并分析了区域的盐渍土类型、盐渍化程度、盐渍土分布情况。同时进行了当地盐渍土的基本物理特性试验、压实特性试验以及强度特性试验等,并对振动压实影响因素进行了详细分析,包括填料方式对干密度的影响、时间对干密度的影响、频率对干密度的影响。该研究为系统了解该地区的盐渍土工程性质和桥梁涵洞基础形式的选择提供了重要参考依据。试验设备如图1所示。

a)   b)

图1 试验设备

(2)根据对该地区盐渍土公路工程性质的研究结果,提出该地区公路桥梁涵洞基础形式的适应类型,研究决定在盐渍土地区公路涵洞基础形式选择刚性扩大基础。详细描述了刚性扩大基础的施工要求、特点、适用范围及经济性。同时针对盐渍土地区地基承载力不足的特点,研究了在基础底部进行地基处理和加固方法的施工措施,有效提高承载力的同时,也有效降低了盐渍土对基础的腐蚀。

(3)针对盐湖盐渍土地区的特殊性,提出了公路大直径袋装混凝土灌注桩施工工法,详细介绍了工法的特点、适用范围、工艺原理及经济性。该技术在交通建设领域中属首次采用,而且注排法、大直径、长桩基的现浇袋装隔离工艺和技术在整个工程领域内也属首次,基本解决了盐湖等重盐渍土地区的桥涵基础混凝土耐久性问题,是桥梁防腐蚀技术方面的重大突破。为在今后类似地区进行施工,提供借鉴。

(4)在察尔汗地区公路桥梁涵洞基础中埋置检测腐蚀性的长期检测设备,可以准确掌握钢筋混凝土基础在该地区是否被腐蚀的情况,从而采取有效的应对措施。该技术成果达到了国内领先水平,对国外类似工程也有一定的参考价值。CorroWatch 探头结构图和 CorroWatch 多探针腐蚀计如图2和图3所示。

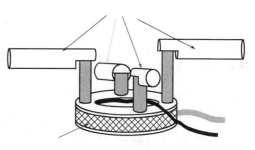

图 2　CorroWatch 探头结构图

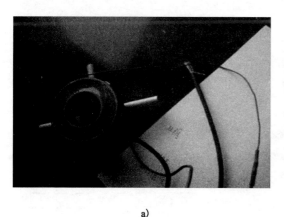

a)　　　　　　　　　　　　b)

图 3　CorroWatch 多探针腐蚀计

2. 主要创新点

(1)提出了察尔汗盐湖地区公路桥梁涵洞基础形式,以及在施工中对钢筋混凝土构筑物的防腐蚀设计及保护措施。

(2)对察尔汗盐湖地区公路桥梁涵洞基础,在内部埋置检测腐蚀性的试验设备,有效掌握基础构筑物的工作状态,对构筑物进行防腐蚀的长期性能检测。

四、成果应用情况

察尔汗至格尔木高速公路是 G215 线的重要组成部分,项目位于青海省西部的海西蒙古族藏族自治州,地理坐标东经 95°27′36″ 至 95°02′45″,北纬 37°06′47″ 至 36°21′56″。路线起点在涩北气田交叉路口以南约 10km 处接原 G215 线 K585+000 处,路线总体走向由东北向西南,经察尔汗盐湖、加尔苏站、鱼水河后,跨过格尔木河转向西南,终点为 K664+769.064,在格尔木市天山路与青藏公路的衔接点相接并设置平交。路线全长 80.052km,公路通过全线最不良地质段——察尔汗盐湖,长度为 32.25km。

以 K640+080(B 标涵洞)作为实际设计实例,基础采用明挖基础,充分利用了岩盐结构的整体性及其自身承载力较高的特性,不需要对地基作深层处理,桥梁基础混凝土只通过较薄的砂夹片石垫层放置的岩盐层上,即可满足地基承载力要求,解决了盐湖地区桥梁基础类型选择问题;综合利用防水土工膜、防水卷材、沥青混凝土等材料的隔水作用,确保地基及基础四周(岩盐)不受淡水及非饱和卤水侵蚀;对混凝土采用了添加 WQ8 防腐剂、粉煤灰、适当增大混凝土保护层厚度、在台身混凝土表面涂刷 RC-GUARD(堪能)防腐涂料的综合防腐施工技术,解决了盐湖地区基础混凝土的防水、防腐问题,达到了混凝土防腐的目的;盐湖地区桥梁工程采用浅基础施工,与桩基础相比减小了圬工量,降低了工程造价,缩短了施工工期,避免了桥梁深基础施工,大大减小对既有地基的扰动,环保节能,有效地保护了青藏高原脆弱的生态环境,经济、环保、社会效益显著。其设计图如图 4 所示。

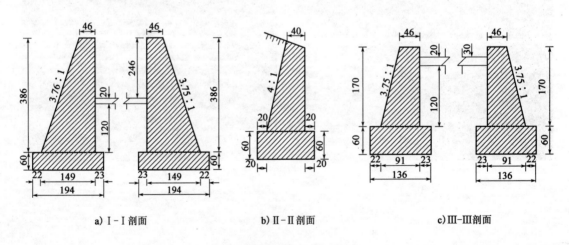

图 4 涵洞设计图(尺寸单位:cm)

五、经济社会效益

根据本项目研究成果和试验工程,桥梁基础选用不同的结构形式单价对比见表 1。涵洞基础选用不同的结构形式单价对比见表 2。

察格高速公路试验工程桥梁基础单价对比表　　　　　　　　　　表1

方 案 编 号	桥梁桩基础形式	单价(万元/m)
方案一	大直径袋装混凝土灌注桩	0.40
方案二	钢板桩	0.65

注：表中单价为1.5m、1.2m桩径的平均价格。

察格高速公路试验工程涵洞基础单价对比表　　　　　　　　　　表2

方 案 编 号	处 治 方 案	单价(万元/m³)
方案一	刚性扩大基础	0.15
方案二	短桩基础	0.10

注：表中单价为涵洞基础每立方米水泥混凝土综合单价。

从表1可以看出，从经济效益比较，察尔汗至格尔木高速公路通过盐渍土地区桥梁原设计为钢板混凝土打入桩，后通过研究改为大直径袋装混凝土灌注桩，每延米节省0.25万元，共节约3 013.00万元，且施工简便，防腐蚀效果好，提高了工程质量。

从表2可以看出，从经济效益比较，察尔汗至格尔木高速公路通过盐渍土地区桥梁原设计为短桩基础，后通过研究改为基础地基采用砾石桩加固，再加以防腐蚀混凝土和外部涂防腐涂料的方式，平均每立方米混凝土节省0.05万元，平均每道涵洞可节省投资5.00万元，且施工质量易控制，防腐蚀效果好，提高了工程质量。

从以上试验工程经济分析，并通过课题组研究阶段的跟踪观测结果来看，其桥梁和涵洞基础能达到设计要求，具有较好的使用效果，并同时依据当地自然气候条件、地质条件及室内试验结果分析，提高抗腐蚀性，延长桥梁及涵洞使用寿命，降低了养护维修费用，具有良好的经济效益。

青海省公路工程高原施工增加费费率测定

项目编号： 2009-05
任务来源： 青海省交通科技项目
承担单位： 青海省交通建设工程造价管理站
　　　　　　青海省交通科学研究院
　　　　　　青海省公路建设管理局
　　　　　　青海省收费公路管理处
　　　　　　青海省交通医院
研究人员： 张德福　赵群萍　苗广营　韩忠奎　田明有　郭淑梅　蔡　军
　　　　　　王　毅　王琳涛　徐安花　谭永山　李宜池　张良才　解小明
　　　　　　根　洁　黄慧群　徐小云　王新燕　马裕博
评价时间： 2014 年 12 月 23 日
评价水平： 国内领先

一、项目研究背景及必要性

青海省位于我国的西北部，雄踞世界屋脊青藏高原之上，被誉为"千山之宗、万水之源"，素有"中华水塔""江河源头"之称，是长江、黄河、澜沧江的发源地。全省面积 72.23 万 km²，居全国第四位，东西长 1 200 多公里，南北宽 800 多公里。现辖西宁市、海东市，以及海南、海北、黄南、玉树、果洛 5 个藏族自治州和海西蒙古族藏族自治州等 8 个市、地、州，51 个县级行政单位。青海境内多山多水，主要山脉的主峰一般都在 4 500m 以上。昆仑山是青海山脉的主体，平均海拔 5 500m；唐古拉山横亘在青海西南部；阿尔金山、祁连山位于青海西北部；此外，还有巴颜喀拉山和阿尼玛卿山等著名山脉。青藏高原是世界海拔最高的高原，平均海拔在 4 000m 左右。由于高原特殊环境的影响，高寒风暴、强辐射、低气压、低氧压等对人体健康、劳动甚至生存均可引起某些重要损害，有碍于高原地区的顺利开发建设，这已引起国内外有关部门和学者的关注。

公路是基础设施建设的重要基础产业部门，对经济、社会发展起着重要的支撑作用。做好公路建设项目投资控制是工程造价管理部门的重要职责。通过对在高原环境下筑路劳动者体能（机械效能）与生产出的合格产品数量的研究，得出高原人体劳动能力与平原地区人体劳动能力的区别,正确制定我省公路高原施工增加费费率,对做好全省公路建设项目投资管理具有重大意义。青海省公路建设资金筹措中,省财政资金投入十分有限,主要依靠中央投资和银行贷款来修建公路,合理确定和有效控制工程造价,从严控制工程投资是十分必要的,因此开展此项课题研究尤为重要。本课题的研究将为我省公路建设工程提供准确、合理的高原施工增加费费率的计价依据。在我省公路建设资金有限的情况下,合理确定和有效控制工程造价,确保我省公路建设项目规划顺利实施,为建设文明、富强、和谐的新青海,提供交通基础建设的有力支撑。

二、研究内容

通过调查研究青海省在不同海拔地区公路建设项目中路基、路面、桥涵、防护等工程工人和机械的工作效率,有效地反映出我省高原地区公路工程施工劳动生产率的状况,从而合理确定出我省公路建设工程高原施工增加费在不同海拔地区的取费费率,做好公路建设项目投资控制,合理确定和有效控制工程造价。本课题的主要研究内容为:

1. 建设项目的选择

选择我省干线公路、农村公路建设项目,在不同的地域(包括海东、海南、海北、黄南、海西、玉树、果洛地区),不同的海拔高度(按500m一个档次),对人工土方、机械土方、人工石方、机械石方、高级路面、其他路面、构造物、隧道等典型施工项目,以全面体现我省高原地区公路工程施工劳动生产率的状况。

2. 高原地区公路工程施工项目增加的人工和机械消耗的现场测定

通过在不同海拔高度生产合格产品所需的劳动时间的研究,得出公路建设中相应作业内容的高原施工增加费费率。对确定的高原地区公路工程施工所增加的人工和机械消耗进行测算分析,考虑施工过程中合理的增资费用。

3. 确定我省不同海拔高度合理的高原施工增加费费率

在对确定的高原地区公路工程施工工程所增加的人工和机械消耗进行测算分析的基础上考虑施工过程中合理的增资费用,通过与部颁《公路工程基本建设项目概算预算编制办法》(JTG B06—2007)中所规定的高原地区公路工程施工增加费费率进行对比,最终确定我省不同海拔高度合理的高原施工增加费费率。

本项目以合理确定和有效控制工程造价,保障我省公路建设项目在未来的公路建设中顺利实施为目的,理论分析和现场实测高原地区公路工程施工费用变化,通过计算分析现场实测资料数据,得到实测高原地区公路工程施工增加费费率,然后与部颁高原地区公路工程施工增加费费率进行对比分析。最终得到青海省公路工程高原施工增加费费率测定研究报告。具体研究技术路线如图1所示。

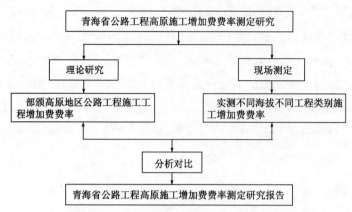

图1 青海省公路工程高原施工增加费费率测定技术路线图

三、研究成果

本项目主要调查了不同工程类别在不同海拔地区完成同一工程施工的人工工日消耗和机械台班消耗,通过海拔高度的不同体现出人工和机械工作效率的差别,进而为高原地区公路工程施工增加费提供依据,也从侧面验证现行部颁高原地区公路工程施工增加费费率的合理性与正确性。

从上述研究结果可以看出,对同一工种来说,无论是人工消耗还是机械台班消耗,均会随着海拔高度的增加而延长。在不同海拔高度,劳动能力差别较大,尤其当海拔高度高于4 000m时,人工和机械的消耗较大,工作效率显著降低,主要原因是高原地区筑路职工劳动施工长期在野外作业,受环境因素的影响更加明显,相同体力强度等级与平原及室内作业相比劳动强度、能量代谢明显增加,能量消耗明显上升。对于机械施工主要原因是燃料燃烧不充分,从而导致机械工作效能低。因此,随着海拔高度的增加,高原地区公路工程施工的费用逐渐增加,其增加费费率也相应地提高,这与部颁《公路工程基本建设项目概算预算编制办法》(JTG B06—2007)中所规定的高原地区公路工程施工增加费费率变化趋势基本一致。但是本项目实测高海拔地区(≥1 500m)公路工程施工增加费费率要明显高于部颁《公路工程基本建设项目概算预算编制办法》(JTG B06—2007)中所规定的高原地区公路工程施工增加费费率。因此,为了合理确定青海省公路建设工程高原施工增加费不同海拔高度的取费费率,做好公路建设项目投资控制,合理确定和有效控制工程造价,建议在今后的公路工程施工中采用实测高原地区公路工程施工增加费费率,具体见表1。

实测高原地区公路工程施工增加费费率(%)　　表1

工程类别	海拔高度(m)						
	1 501~2 000	2 001~2 500	2 501~3 000	3 001~2 500	3 501~4 000	4 001~4 500	4 501~5 000
人工土方	7.22	13.48	20.35	31.12	45.36	66.18	89.68
机械土方	6.68	13.11	19.32	27.05	38.59	52.85	72.45
人工石方	7.12	13.56	20.33	31.02	46.23	67.21	92.13

续上表

工程类别	海拔高度（m）						
	1 501～2 000	2 001～2 500	2 501～3 000	3 001～2 500	3 501～4 000	4 001～4 500	4 501～5 000
机械石方	6.97	13.32	20.14	28.65	41.25	57.21	77.56
高级路面	6.73	13.02	19.47	27.16	39.47	54.19	73.56
其他路面	6.86	13.18	19.65	28.09	40.12	57.89	78.19
构造物Ⅰ	7.02	13.36	19.88	29.37	42.45	60.34	81.21
构造物Ⅲ	6.81	13.08	19.47	28.36	41.09	57.66	79.39
隧道	7.02	13.51	20.11	29.28	42.33	60.18	83.48

本项目的主要创新点：

（1）通过对不同工程类别在不同海拔地区完成同一工程施工的人工工日消耗和机械台班消耗的研究，得出不同海拔高度的工人和机械的工作效率也有所不同的结论，进而为确定高原地区公路工程施工增加费提供依据；

（2）提出的青海省公路工程高原施工增加费费率有利于合理确定和有效控制工程造价，确保青海省公路建设项目规划顺利实施。

四、成果应用情况

本项目主要以青海省在海东、海西、玉树等不同地域、不同海拔高度地区在建的国道、省道干线公路为依托，课题组选择了G0612西宁南绕城公路、G214共和至玉树高速公路、S308玉树至曲麻莱公路、S224治多经杂多至囊谦公路等在建公路，其中共玉公路全线长达634.8km，经过多个海拔地区，可以更好地反映不同海拔地区施工效率出现差异的问题。选取的典型项目可代表青海省不同地域、不同海拔高度的实际情况。项目依托实体工程采用现场调查法获得原始数据，通过3年的实体工程现场调研，先后收集了海西、玉树、黄南、海南、海东等地区的国道、省道干线公路及部分农村道路的施工现场数据资料。项目实施依托在建公路工程示意图如图2所示。

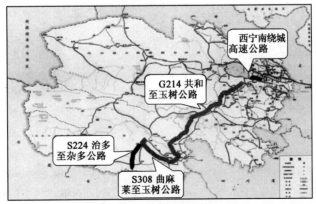

图2 项目实施依托在建公路工程示意图

选择我省不同的地域(包括海东、海南、海北、黄南、海西、玉树、果洛地区)，不同的海拔高度(按500m一个档次)干线公路、农村公路建设项目,对人工土方、机械土方、人工石方、机械石方、高级路面、其他路面、构造物、隧道等典型施工项目对高原地区公路工程施工项目增加的人工和机械消耗的现场测定。不同海拔高度实测和部颁公路工程施工增加费费率—人工土方拟合图如图3所示。不同海拔高度实测和部颁公路工程施工增加费费率—机械土方拟合图如图4所示。

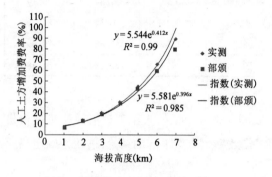

图3 不同海拔高度实测和部颁公路工程施工增加费费率—人工土方拟合图

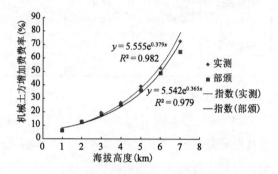

图4 不同海拔高度实测和部颁公路工程施工增加费费率—机械土方拟合图

不同海拔高度实测和部颁公路工程施工增加费费率与人工石方拟合图、机械石方拟合图、高级路面拟合图、其他路面拟合图、构造物Ⅰ拟合图、构造物Ⅲ拟合图、隧道拟合图如图5～图11所示。

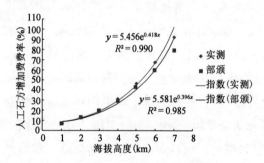

图5 不同海拔高度实测和部颁公路工程施工增加费费率—人工石方拟合图

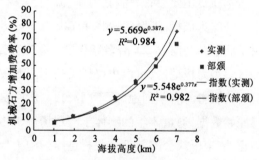

图6 不同海拔高度实测和部颁公路工程施工增加费费率—机械石方拟合图

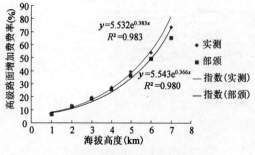

图7 不同海拔高度实测和部颁公路工程施工增加费费率—高级路面拟合图

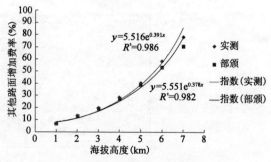

图8 不同海拔高度实测和部颁公路工程施工增加费费率—其他路面拟合图

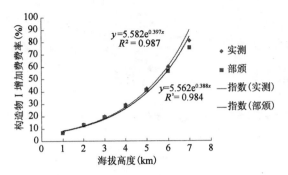

图9　不同海拔高度实测和部颁公路工程
施工增加费费率—构造物Ⅰ拟合图

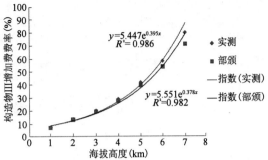

图10　不同海拔高度实测和部颁公路工程
施工增加费费率—构造物Ⅲ拟合图

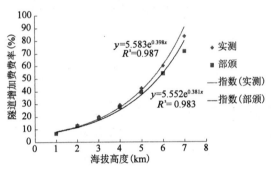

图11　不同海拔高度实测和部颁公路工程
施工增加费费率—隧道拟合图

从现场测定及观察情况看，公路建设呈现以下特点：

（1）处于不同的海拔高度，公路建设的不同工程类别施工增加费费率呈指数增长。

（2）施工过程中机械化作业水平不断提高，尤其是建设规模较大的项目，显得尤为突出。

（3）人工消耗水平在逐步降低，依靠纯人工完成单位工程的项目几乎不存在。人工工资随着物价总水平的上涨增幅较大。

（4）施工队伍及作业人员的技能水平对工程建设的工期效益具有一定的关联作用。

（5）施工管理水平对工程经济效益起一定的辅助作用。

（6）海拔高度对劳动生产率有影响，特别是海拔超过3 500m时，人及机械作业生产率有较为突出的影响，劳动生产率降低较为显著。

通过现场测定对不同海拔高度生产合格产品所需的劳动时间进行研究，反映出公路建设中相应作业内容的高原施工增加费费率，对确定的高原地区公路工程施工工程所增加的人工和机械消耗进行测算分析，研究青海省公路工程高原施工增加费费率。

五、经济社会效益

本项目主要调查了不同工程类别在不同海拔地区完成同一工程施工的人工工日消耗和机械台班消耗，通过海拔高度的不同体现出工人和机械的工作效率的差别，为确定高原地区公路工程施工增加费提供依据，也从侧面验证部颁高原地区公路工程施工增加费费率的合理性与正确性。在青海省公路建设资金有限的情况下，可以通过提出的青海省公路工程高原施工增加费费率合理确定和有效控制工程造价，保障青海省公路建设项目的顺利实施，为建设文明、富强、和谐新青海，提供交通基础建设的有力支撑，有着巨大的社会、经济效益。

青海玉树地震滑坡(公路)治理与边坡灾害防治技术研究

项目编号: 2010-03
任务来源: 青海省交通科技项目
承担单位: 青海省交通科学研究院
青海省收费公路管理处
中铁西北科学研究院有限公司
西南交通大学
研究人员: 徐安花　田明有　马惠民　吴红刚　房建宏　张生贵　王翠玲
杨　涛　王　毅　张红利　薛兆锋　戚宗柯　张国军　于旭东
刘　磊　马　宁　杨昊天　冯文强　马裕博
评价时间: 2014 年 12 月 29 日
评价水平: 国际领先
获奖情况: 荣获 2016 年度中国公路学会"科学技术二等奖"
荣获 2015 年度青海省"科技进步二等奖"

一、项目研究背景及必要性

青海省玉树县 2010 年 4 月 14 日晨发生两次地震,最高震级 7.1 级,地震震中位于县城附近,震源深度 14km。地震造成 G214 线玉树机场至结古镇交道中断,西宁至玉树公路多处出现塌方但可以通行,省道 308、309 线可以保持通行。通往玉树灾区的公路主要有三条路线:一是北线从西宁经共和、玛多至玉树;二是南线从西藏昌都至玉树;三是东线从四川境内甘孜经石渠进入青海至玉树。其中西线方向的曲麻莱至治多公路,治多至结古红土山段发生塌方,交通受阻;结古镇至隆宝镇路段发生多处塌方,交通中断。

经初步调查分析,此次玉树地震期间 G214 线、S308 和 S309 线沿线主要的边坡及路基(堤)病害类型主要有三大类:①峡谷地段大型堆积层滑坡;②片岩、灰岩边坡变形问题(倾倒、危岩体、破碎岩石滑坡等);③高原冻土区路基(堤)变形开裂问题。其中 G214 线沿线主要发育有灰岩堆积层滑坡、灰岩岩堆坍塌、砂泥岩顺层边坡坍塌和高陡反倾灰岩危岩体等病害,

S308 和 S309 线沿线主要发育有风化片岩高边坡坍塌、高原冻土区粉砂质路基及边坡开裂变形、风化砂泥岩边坡坍塌、高陡反倾灰岩危岩体和泥灰岩岩堆坍塌等病害。

地震诱发的灾害给国家和人民生命财产造成的损失是触目惊心的。继"5·12"汶川大地震后,青海玉树地震再次给我国人民造成了大量的生命和财产损失,并给高原公路生命线造成了严重破坏。然而它也再次为我国公路(特别是高原山区公路)工程抗震技术的进步提供了一次难得的机遇。当前我国公路抗震研究工作的基础资料还是依赖日本、美国和我国台湾地区的震害资料,边(滑)坡抗震稳定性验算仍采用基于极限平衡理论的拟静力法,缺乏较为系统完善的评价体系。必须积极开展玉树地震的公路边(滑)坡震害调查,及时搜集宝贵的震害资料,进一步为我国公路(特别是高原山区公路)工程抗震研究提供坚实的资料基础。

二、研究内容

在广泛调研国内外文献资料的基础上,基于大量的野外调查分析,搜集各类滑坡勘察设计资料,运用地质力学理论、FLAC-3D 弹塑性理论和室内大型地质力学模型试验对玉树地震前后公路沿线滑坡及边坡灾害工点进行天然状态下和地震作用下的稳定性分析,对其破坏模式及与之对应的抗震防治工程措施进行优化配置研究。主要内容如下:

1. 玉树地震与边(滑)坡工程地质特征研究

全面系统调查青海省国道 G214 线结古镇—机场—囊谦—多普马段、省道 S308、S309 线山区公路沿线地震前后滑坡及边坡分布,统计受地震影响的滑坡及边坡灾害情况,并对全线工程地质特征进行深入分析。主要研究以下三方面内容:①玉树地震特点分析;②公路沿线滑坡物质、规模、变形特征;③滑坡与地震的时空分布关系。

2. 地震边(滑)坡变形机制、稳定性分析及发展趋势研究

分别对国道 G214 线结古镇—机场—囊谦—多普马段,省道 S308、S309 线山区公路高烈度地震区的边(滑)坡工点进行分类,运用理论分析、FLAC-3D 及 GEO-SLOPE 软件模拟和室内大型模型试验相结合的办法,模拟地震对滑坡的影响机制,做出天然状态下和地震作用下的稳定性分析,并评价滑坡及边坡稳定性的变化规律,预测滑坡的发展趋势。

3. 地震边(滑)坡稳定性评价方法研究

以国道 G214 线结古镇—机场—囊谦—多普马段、省道 S308 和 S309 线典型地震滑坡及边坡灾害治理工程为依托,考察地震对滑坡及边坡灾害的稳定性影响,根据边(滑)坡工点的地震稳定性分析结果,提出滑坡及边坡灾害的地震破坏模式,形成较为完善的地震边(滑)坡稳定性评价方法。

4. 地震边(滑)坡治理措施及其设计方法研究

参考现有的《公路工程抗震规范》(JTG B02—2013),针对不同的破坏模式制订相应的抗

震防治工程优化配置方案。验证不同地震加速度下,不同工程处治措施在山区公路高烈度地震区边(滑)坡病害防治中的应用效果,形成灾后重建快速而有效的成套技术。

5. 高原冻土地区路基(堤)的开裂变形机理

以省道S308线结古镇—隆宝镇段路基下沉及路堤滑塌病害为主要研究对象,研究在高海拔冻土河谷及平原区,强地震作用导致路基下部土体液化,路基大范围沉降的变形机理,探索冻土上限及路基下部土体含水率等在强地震作用下的变化规律。

三、研究成果

1. 玉树地震与边(滑)坡工程地质特征研究

重点对灾区公路沿线48处高边坡的详细现场调查和室内分析,对沿线高边坡的发育环境和病害特点有了深入的认识,在此基础上,针对其具体的岩性和坡体结构进行了类型划分。反倾高边坡坡体结构如图1所示。

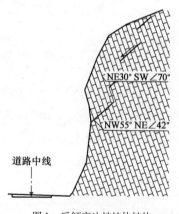

图1 反倾高边坡坡体结构

(1)近年来巴颜喀拉块体强震非常活跃,玉树MS 7.1级地震发生在巴颜喀拉块体南边界中部的甘孜—玉树断裂带上,该地块仍然是今后7级以上地震发生的危险区域。在该地区加强抗震意识、提高建(构)筑物抗震能力意义十分重大。

(2)玉树地震地质灾害的特殊性表现在,受活动断裂带影响较为明显,沿活动断裂带分布的房屋被摧毁、出现很多挤压鼓胀带,道路出现波状节律性破坏特征,而断裂带两侧的地震灾害破坏情况较轻;高位基岩整体稳定性较好,低位土质滑坡较多;道路沿线土体表层液化蠕滑明显,剪切变形出口多位于开挖临空面上,表现为土体滑落具有液化特征;山体破裂表现为一系列挤压鼓包与张裂缝相间排列或雁列式张裂缝。

(3)为研究玉树地震滑坡的分布规律,对各种控制变量进行统计分析研究。这些控制变量包括地震因素(震中、宏观震中、地表破裂、地震动峰值加速度、同震位移);地形因素(高程、坡度、坡向、曲率、坡位、水系);地质因素(岩性、断裂);其他因素(公路、归一化植被指数)。

(4)研究过程中发现,走滑断层型地震灾害分布存在明显的断层盘效应。在玉树地震地质灾害分布规律中表现为:北盘明显比南盘发育,北盘影响宽1.3km,而南盘影响宽度仅500m左右。

(5)在边坡系统分类的基础上,将沿线病害边坡划分为三种主要类型:堆积层高边坡、岩石高边坡和高路堤边坡。并对每一类型的工程地质特征进行了系统分析,内容包括各类边坡发育的地质环境、分布特点和具体工点,典型的工程地质断面及特征,主要的岩石力学性质,可能产生的破坏模式和稳定性评价等内容。

(6)在对沿线病害边坡发育环境和发育特征系统分析总结的基础上,提出了沿线边坡病害的分类方法。根据线路边坡的特征,确定沿线边坡的分类首先按照边坡和线路的位置划分路堑边坡和路堤边坡;然后按照边坡的岩土结构将路堑边坡划分为岩质边坡和堆积层边坡;考虑到边坡岩层产状和边坡产状的不同关系对边坡的稳定性有重大的影响,因此又由此将岩质边坡进一步划分为纵向坡、横向坡和斜向坡;由于纵向坡稳定性较横向坡与斜向坡差,是岩质边坡病害的重点突出问题,又将纵向坡划分为顺倾岩层边坡和反倾层状边坡。

(7)根据建立滑坡工程地质模型的原则,针对沿线边滑坡病害类型,建立相应具体的工程地质模型,同时着重以机场路滑坡群为例,概括分析堆积层边坡共同特性,并形成这类滑坡的典型工程地质模型。

2. 地震边(滑)坡变形机制、稳定性分析及发展趋势研究

对各边(滑)坡工点进行分类,建立典型工程力学模式,运用理论分析、数值模拟和模型试验相结合的办法来模拟地震对滑坡的影响机制,评价滑坡及边坡稳定性的变化规律,预测滑坡的发展趋势。

(1)采用振动台对多层剪切模型箱内土体进行了五次强度测试,测试时间分别为:振动前,$0.4g$ 加速度、$0.6g$ 加速度、$0.8g$ 加速度和 $1.0g$ 加速度。动力时程曲线为10Hz 正弦波,作用时长为10s。受振动的影响,内摩擦角略有降低,但不是非常明显,黏聚力则总体上呈降低趋势,抗剪强度随振动强度的增加而明显下降。提出了土体软化本构模型,算例证明应力—应变曲线从最初的理想弹塑性到最后的无限塑性流动,只要参数取得合适,软化本构模型就能够模拟具有软化特性的土体的各种应力应变行为。

(2)采用动三轴仪,通过不同含水率下动强度与破坏振次的关系、不同幅值的正弦波与破坏振次的关系等不同方面的比较分析,可以得出在小三轴试验条件下,在其他条件保持不变时,土的动强度与破坏振次成反比,与试验施加的荷载动应力幅值成反比,与土样的含水率成反比。

(3)经振动台模型试验,单/多滑动面滑坡模型中传感器响应波传输数据反映的坡体裂缝位置及破坏过程与模型坡体实际产生的裂缝位置和破坏过程情况基本吻合,体现了本次试验中传感器采集数据的有效性和合理性。

(4)综合室内试验和数值分析计算,单滑动面滑坡在地震动作用下的变形破坏机理为:滑坡的滑动破坏开始于滑坡前缘,并不断牵引中后部坡体产生滑移变形,地震过程中,滑坡坡面的变形运动较为强烈,使坡面介质变得松散破碎,坡体内部的变形相对较小,虽坡体内存在滑动面(软弱夹层),但坡体并没有沿滑动面(软弱夹层)整体滑移破坏。其不同之处为:模型试验中,坡体的地震动变形最先开始于滑坡后部,主要于潜在滑动面附近因地震波的"托浮"和"平抛"最先产生张拉裂缝变形,随地震的持续及峰值加速度的增加,裂缝变形逐渐向前缘发展,造成坡体前缘部位在裂缝的切割下呈碎块状,最终出现前缘的坍塌滑移破坏。数值分析计算时,坡体的屈服单元是从前缘最先开始,然后于后缘出现屈服单元,最终造成坡体前缘的屈服破坏。

(5)多滑动面滑坡在地震动作用下的破坏机制基本与单滑动面破坏特征相同,其不同之处为(主要表现于室内试验结果):多滑动面滑坡在地震作用的最终破坏变形为沿坡面浅层部位(浅层滑面)的滑动破坏,然后向深层坡体(深层滑面)牵引发展,表现出了从浅到深的牵引破坏特征。整个滑移破坏中,坡体前部并没有呈现出明显的滑动(这与多滑动面滑坡的数值计算结果有所出入),只是被发育裂缝切割呈块状,坡体松散破碎。故结合分析室内试验和数值分析计算结果,多滑面滑坡在地震过程中其滑动破坏变形开始于滑坡前缘及浅层滑面,并不断牵引中后部坡体和深层滑面产生滑移变形。地震过程中,滑坡坡面的变形运动较为强烈,使坡面介质变得松散破碎,坡体内部的变形相对较小,虽坡体内存在多层滑动面(软弱夹层),但坡体并没有迅速沿深层滑动面(软弱夹层)整体滑移破坏。

(6)通过大型振动台试验,坡体对地震波峰值加速度的放大效应表现为随高程的增大放大效应越为明显,即在相同峰值加速度条件下,坡面受地震波的影响最为严重,也反映出地震作用下滑坡坡面变形最明显的机理。

(7)地震作用下,Z向作用力先于X向作用于坡体。通过模型试验发现,Z向地震效应对X向地震效应有明显增强作用,且坡体的滑移破坏变形主要是在Z向和X向共同作用下产生的。单独的Z向或X向地震作用主要贡献于坡体内裂缝的产生。

(8)通过数值计算中研究岩土强度参数和地震动强度对滑坡在地震过程中的影响发现,岩土强度参数的变化对滑坡前缘的影响最大,滑坡坡面受地震波时程及震动强度的影响最为严重,地震时间越长,震动强度越大,滑坡屈服范围就越大,坡面运动现象就更加明显。

(9)研究中提出了滑坡地震动作用的"矢量无序机制"。该机制中滑坡质点单元大小和方向的无序性能够比较合理地解释了地震过程中坡体不会出现沿软弱带滑动变形的现象,同时也能够解释滑坡坡面位移和临空面位移远比其他区域大的原因。

(10)提出滑坡动力失稳机理分析的点安全系数方法。在滑坡的动力作用过程中,实时计算滑带各点的瞬时点安全系数以及整个滑坡体的瞬时整体安全系数。通过分析滑带上各点的点安全系数时程曲线、整体安全系数时程曲线,以及任何动力作用时刻的点安全系数分布,分析滑坡的动力失稳机理。

3. 地震边(滑)坡稳定性评价方法研究

研究地震过程中及震后边(滑)坡动力参数的变化对稳定性的影响,形成较为完善的地震边(滑)坡稳定性评价方法。

(1)对拟静力法进行了改进,改进的思想为在评价边坡地震稳定性时,考虑到边坡对地震加速度的非线性放大效应,采用拟合公式进行地震稳定系数的计算,最后通过实例验证得出,改进拟静力法所计算的安全系数小于现有拟静力法,说明改进拟静力法更安全。

(2)研究波在坡体中传播时形成的滑体与滑床的加速度差。在传递系数法的基础上,推导了动态稳定性计算公式。以玉树机场路3号滑坡2-2剖面作为计算原型,概化出计算模型,结果表明该方法有效考虑了地震波的加速度时程曲线,并计算得到地震作用过程中任意时刻的滑坡动态稳定性系数。

（3）通过数值计算获得边坡各点的地震加速度峰值放大系数，然后将加速度放大系数与地面设计加速度的乘积作为该点的水平加速度，再采用数值计算方法计算边坡体至平衡态，以此作为边坡的最危险应力状态，分析该状态的强度特征，评价边坡的地震稳定性。

（4）通过 FLAC3D 数值分析法对 XZ 向和在 Z 向两种激励下加速度、速度和位移放大系数进行了对比，分析了不同方向加速度对地震稳定性的影响。竖向地震输入会在坡体内产生更大的竖向地震加速度，坡脚峰值加速度也较大，坡体内的峰值加速度较之坡脚点峰值加速度增加倍数不明显。竖向地震输入对边坡的水平变形有利，可减小边坡的水平变形，但对竖向变形及坡体各点加速度不利，增大竖向位移和放大加速度。水平位移云图如图2所示。

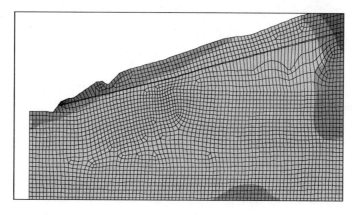

图2　水平位移云图

（5）选取玉树地震机场路典型滑坡面作为分析断面，利用 FLAC3D 有限差分软件进行了地震作用下边坡岩土体的加速度动力响应分析，列举了边坡地震体地震三量、边坡岩体黏聚力和边坡岩体弹性模量等14种影响因素，各自采用动力时程分析方法得出了边坡地震的加速度响应规律。

（6）对收集到的青海玉树地震飞机场及禅古镇典型地震波加速度时程曲线进行了统计分析，表明竖向地震波峰值加速度远远超出了水平地震波峰值加速度。据此继续讨论利用 FLAC3D 有限差分软件进行地震作用下边坡岩土体在同时考虑竖向和水平地震动力加速度的加速度动力响应分析，采用动力时程分析方法得出了边坡地震的加速度响应规律。

（7）针对目前岩土边坡地震稳定性问题的一些问题，从能量传递与转化的角度定义边坡失稳破坏准则，并推导出能量表示的边坡稳定系数，以研究地震过程中边坡稳定性情况。这将有助于揭示地震作用下边坡的失稳机制，进而指导边坡工程的抗震设计。

4. 地震边（滑）坡治理措施及其设计方法研究

参考现有的《公路工程抗震规范》（JTG B02—2013），针对不同的破坏模式制订相应的抗震防治工程优化配置方案。验证不同地震加速度下，不同工程处治措施在山区公路高烈度地震区边（滑）坡病害防治中的应用效果，形成灾后重建快速而有效的成套技术。

(1)首次集中开展了十余组抗滑支挡结构的大型振动台抗震性能试验研究,提出了基于抗滑支挡结构工作性能的设计和优化理念。基于大型振动台试验,全面研究了普通抗滑桩、EPS抗滑桩、多滑面双排抗滑桩、微型桩组合结构、多锚点抗滑桩、冠梁约束型抗滑桩、集束型桩锚结构等的抗震性能,系统对比了各种结构的动力响应特征。

(2)研发出一种抗震性能优越的EPS抗滑桩结构。专利名称《一种抗震性能优越的新型抗滑桩结构及其实施方法》(申请公布号:CN 103669338 A),经过大型振动台试验验证,该结构不仅可以满足抵抗滑坡推力的要求,而且能够在地震工况下起到很好的消能作用。并在此基础上研发出《一种可耗能自复位抗滑桩结构及实施方法》(申请号:201410741608.X),该结构不仅能在地震过程中耗散部分震动能量,也能在震后减小抗滑桩的残余位移。

(3)研发出一种消能自适应抗震锚索结构,该结构在锚索端部的承载板与锚具之间安装弹簧装置及套筒式金属阻尼器。专利名称《一种消能自适应抗震锚索结构及实施方法》(申请号:201410751411.4)。在正常工况下,套筒式金属阻尼器和弹簧装置可以提供初始刚度,满足结构正常使用功能;在地震工况下利用套筒式金属阻尼器的消能作用减小地震荷载对锚索锚具产生的集中内力,并利用弹簧装置提供在地震作用后的自恢复力,提高结构的自适应能力,减小预应力损失。经过大型振动台试验验证,该结构工作性能稳定,受力特征明显优于普通锚索结构。

(4)编写了《青海省公路滑坡勘察设计指南》(简称《指南》)。为统一青海省公路滑坡防治勘察、设计技术标准,使青海省公路滑坡防治规范化,做到安全适用、技术先进、经济合理,确保滑坡防治效果和保护生态环境,制定该《指南》。结合多年来滑坡防治经验和相关科研成果,充分总结了青海省公路滑坡防治经验,借鉴了国内外相关规范的技术规定,使《指南》达到先进适用、指标合理和可操作性强。

5.高原冻土地区路基(堤)的开裂变形机理研究

以省道S308线结古镇—隆宝镇段路堤滑塌病害为主要研究对象,通过FLAC3D和大型振动台试验,研究在高海拔冻土区,强地震作用下路基下伏土体液化导致路基开裂变形的机理。

四、成果应用情况

本项目拟依托青海省G214线结古镇—机场—囊谦—多普马段,S308、S309线改扩建工程和震后沿线地震边(滑)坡灾害勘察设计及治理工程,研究得到震后滑坡及边坡灾害的灾害评估和治理工程设计与施工中的关键技术,有效解决灾后重建中的诸多技术难题,使其在山区公路建设中发挥出环境友好、资源节约的优势,有效地协调建设与环保间的矛盾,真正达到和谐交通的目的。

课题组注重科研与实际的紧密结合,课题研究依托实体工程进行分析和总结,同时将研究成果及时应用于工程实际当中,课题组研究人员经常深入施工现场,了解研究成果应用情况和存在的主要问题,收集工程应用资料和反馈信息,以确保研究成果和依托工程的紧密结合,达到了理论指导实践、实践验证理论的效果,保证了科研成果的实用性和可行性,解决了公路灾后重建过程中的实际问题。

本项目提出的地震触发堆积层缓斜坡的变形失稳机理和砂土路基开裂变形机理适合于高原宽谷地区。提出的稳定性计算方法和新型抗滑支挡结构普遍适用于高烈度地震区的边(滑)坡防治工程,经大型振动台试验验证,工作性能稳定,支挡效果明显。滑动面附近剪切变形如图3所示。坡体后缘张拉变形如图4所示。

图3　滑动面附近剪切变形

图4　坡体后缘张拉变形

总之,课题研究过程中注重科研与实际依托工程的紧密结合,重视科研成果的推广应用,项目成果对行业发展具有良好的推动作用。

五、经济社会效益

本项研究成果在青海高海拔山区公路灾后重建中得到了成功应用,创造了良好的经济和社会效益。特别在G214线当卡寺高位错落路段改线、公路沿线病害调查和应急咨询方面,对确保生命线的畅通起到了关键作用。在西杭水库震后泄流、库区抢险加固等方面,确保了下游结古镇抗震抢险的安全。

大酉山黄土公路隧道施工安全保障技术研究

项目编号： 2009-08

任务来源： 青海省交通科技项目

承担单位： 青海省高等级公路建设管理局
　　　　　　　长安大学

研究人员： 付大智　谢永利　李群善　赖金星　李永福　李积胜　晁　刚
　　　　　　　杨晓华　郭海东　武长贵　来弘鹏　李又云　郭　海　李睿林
　　　　　　　祁生玮　叶胜春　张志为

评价时间： 2015 年 4 月 17 日

一、项目研究背景及必要性

随着西部大开发战略决策的实施，促进了西部地区高等级公路的发展，穿越黄土地区的公路隧道将越来越多，近年来先后在甘肃、陕西等省份修建了大量黄土公路隧道。但由于黄土的区域差异以及公路交通科学技术的发展，新的问题不断暴露，已建隧道存在和出现各种病害，在建隧道施工过程中出现一些塌方，既影响了隧道作为快速安全交通通道的功能，又造成了人员财产损失，显然是与建设隧道的初衷相违背，这也使业内人士越来越意识到黄土隧道建设水平的提高，最终必须依赖理论上的发展与突破，一些深层次技术问题尚需要不断探索与解决。

大酉山隧道是国家"7918"高速公路网规划中七条首都放射线中的"横五"——北京至拉萨高速公路在青海省境内的重要组成路段丹（东）拉（萨）国道主干线西宁过境公路西段的控制性工程。因为大酉山隧道独特的地质条件及其工程特点，该隧道修筑过程中将面临以下几个突出问题：①软弱黄土公路隧道深浅埋如何界定、围岩压力设计该如何取值；②软弱黄土隧道各典型地貌特征段支衬体系受力有何特点；③浅埋段软弱地基承载力标准该如何取值、隧道塌方如何处治；④浅埋杂填土段隧道的围岩与荷载特征与一般路段有何区别；⑤软弱黄土隧道地表裂缝如何处治。这一系列问题都值得工程技术人员思考与研究。

本项目主要结合大酉山黄土隧道建设工程的实际情况，通过对依托工程软弱黄土围岩性状与荷载作用特征、支衬体系受力性状、软弱地基处理技术、塌方处治措施、施工工法、浅埋杂填土段施工控制技术、地表裂缝、处治对策等的研究，提出一套较系统可靠的软弱黄土隧道施工安全保障技术,为高速公路隧道的安全施工提供有效的技术支撑,减少施工中的灾害,保证隧道施工的顺利实施,提升高速公路隧道建设的技术水平。同时该课题研究成果也将为我国黄土公路隧道建设中的安全保障技术提高和相应规范(或规程)修订提供必要的基础数据和科学依据,从而达到减少隧道施工灾害,保证工程质量,促进行业技术进步,构建和谐社会的目的。

二、研究内容

针对复杂地质条件下大酉山特长公路黄土隧道的特点,采用室内测试、理论分析和数值模拟方法,研究内容包括软弱黄土围岩性状与荷载作用特征、隧道支衬体系受力特征、软弱黄土隧道施工工法、浅埋杂填土段隧道施工技术、区段地表裂缝对隧道结构影响及处治方法等方面。

1. 软弱黄土围岩性状与荷载作用特征研究

在现有资料和现场勘察的基础上,初步了解隧道区段软弱黄土的基本特征,选取代表段现场取样,通过室内土体物理力学试验,全面了解区段软弱黄土围岩力学性状,为后续研究提供基础。

结合依托工程的实际情况,在室内开展相应断面的结构模型试验,详细测试围岩压力;结合现场及室内试验结果,分析各典型段软弱黄土公路隧道围岩压力分布与变化规律,得出各典型断面围岩压力分布特征,并与现有围岩压力计算公式进行比较分析,研究各计算公式的可靠性,并在现有公式的基础上,给出更接近实际的软弱黄土公路隧道围岩压力计算公式,为后续工程设计围岩压力取值提供依据。另外,在现有研究成果的基础上,进一步界定土质隧道深浅埋状态。

2. 隧道支衬体系受力性状研究

分别在不同典型段选取测试断面,通常在锚杆、格栅拱中布设钢筋应力计,在钢拱中布置表面应变计,在二次衬砌中布设混凝土应变计,进行施工过程中支衬体系受力状态测试。同时,针对不同的典型路段分别建立有效的数值分析模型,开展相应的施工过程数值分析。最后,总结现场测试与数值分析结果,综合分析施工过程中支衬体系力学特征,并对其安全性做出评价。

分别选取不同地貌特征区段的典型断面,通过开展现场测试、室内离心模型试验和数值计算,研究区段地貌特征对隧道支衬体系受力的影响,总结其影响规律,并根据研究成果,分析原有隧道支护结构形式的合理性,为后续工程结构合理设计提供依据。

3. 软弱黄土隧道施工工法适应性研究

结合本项目的实际情况,在综合分析影响隧道地基稳定性的各种因素的基础上,针对不同区段,对软弱黄土隧道地基承载力取值标准进行界定。然后,对换填法、灰土挤密桩法、旋喷桩加固法等适应性进行分析,并结合旋喷桩软弱地基处理开展实体工程地基承载特征与沉降观测,采用数值仿真手段,分析复合地基的变形破坏机理,提出复合地基承载力和变形验算方法,对旋喷桩施工控制技术参数、质量检验方法、评定标准等进行系统总结。最后,综合各试验路段的研究成果,给出复合地基承载力设计标准,并总结依托工程施工工艺和质量控制标准,以指导今后的工程设计与施工。

在总结国内外现有研究成果的基础上,结合大酉山隧道塌方的实际情况,通过现场资料分析、室内模型试验及理论研究,对其塌方原因进行全面系统的解析。同时,在总结国内外处治塌方成功经验的基础上,提出依托工程的塌方处治措施,并通过现场监测和理论分析对其处治效果进行全面分析,总结经验,分析不足,以便为后续工程提供可靠有效的指导。

在总结现有黄土隧道施工工法的基础上,结合实体工程,分别针对不同的地质地貌条件、不同的埋深、不同的围岩条件等结合数值计算结果对台阶法、双侧壁导坑法先墙后拱、弧型导坑法、CD法、CRD法等的适应性进行分析,总结出软弱黄土隧道的施工工法,并通过监控量测对其适应性进行动态评价。

4. 浅埋杂填土段隧道施工控制技术

在杂填土段通过钻孔取原状土样,开展室内物理力学性质测试,详细研究杂填土围岩特征,为现场测试数据分析和解释以及数值分析提供必要的参数。同时,在该段现场埋设压力传感器和支衬结构测试原件,测试围岩压力与支衬体系的受力特征,研究杂填土段的荷载分布特征。

在总结国内外现有研究成果的基础上,结合大酉山隧道杂填土段的实际情况,分别对地表注浆、小导管注浆等预加固措施的适应性进行分析,并通过不同开挖、支护下的监控量测、围岩压力和支衬结构受力特征的现场测试,确定这些施工控制技术的有效性与合理性,为今后类似工程提供指导。

5. 区段地表裂缝对隧道结构影响分析与处治对策研究

通过在施工阶段现场地表裂缝的跟踪观测,测绘并给出地表裂缝分布平面图,分析其分布规律及随施工进度的发生发展过程,为后续研究提供指导。

在对以往工程经验和科研成果总结的基础上,结合实体工程地表裂缝的分布特征,通过数值计算和理论分析,详细研究地表裂缝在地表浸水等环境因素影响下对围岩与衬砌结构的影响。

结合依托工程地表裂缝的分布特征,分别对素土回填、地表注浆、合理地表排水等措施处理地表裂缝进行总结。同时,通过对试验段围岩位移和结构受力性状长期观测,评价裂缝处治效果,总结出适合不同工况下处治措施,并加以推广。

三、研究成果

本项目针对复杂地质条件下大酉山黄土公路隧道的特点,从软弱黄土隧道深浅埋界定、围岩压力设计取值、浅埋杂填土段及典型地貌特征对隧道支衬体系的影响、浅埋段软弱黄土地基承载力取值及处治技术、软弱黄土隧道地表裂缝与塌方处治、浅埋杂填土段隧道施工控制技术以及软弱黄土隧道施工工法等方面进行了深入系统研究，得到以下主要成果：

1. 软弱黄土公路隧道深浅埋界定与围岩压力设计取值

通过有限元数值模拟分析，在不同工况下拱顶中心线侧压力系数的变化规律，根据侧压力系数随隧道埋深变化的特征得到，埋深、洞径、施工方法、土性是引起黄土隧道深浅埋分界发挥作用的主要因素；洞径越大，隧道深浅埋分界也越深；开挖步序越多的施工方法引起土体扰动大，深浅埋分界越深，施工方法不同确定的隧道深浅埋分界值也不同；土质松散程度的差异同样会引起深浅埋分界值的不同，土质越松散的土体深浅埋分界越深；在单洞情况下，且洞径相同时圆形隧道、马蹄形隧道、城门洞形隧道的深浅埋分界值变化不大，但总体来说三者的大小从浅到深依次为圆形、马蹄形、城门形；通过隧道间侧压力系数统计，可以得到隧道间的距离对深浅埋的界定影响较大，当隧道距离小于安全距离时，隧道深浅埋分界值会明显增大，反之则不变。

典型断面现场压力测试表明，杂填土段围岩压力普遍较大，且分布不均匀，两侧不对称，围岩压力最大之处在拱顶处，虽然拱顶沉降值比较大，应力得到了释放，但是由于土体的自稳性差，强度低，此处的围岩压力值还是比较大，施工过程中要提高超前支护参数，提高围岩的自稳能力。衬砌拱腰位置压力随时间略有增长，幅度较小，侧边墙压力比较大。深埋断面仰拱所受的压力较浅埋断面有所增大，增大的幅度不大，因为隧道的上覆土层形成了自稳拱圈，较浅埋隧道的自稳性要强，土体承担的释放荷载较大一些；在浅埋隧道中，土体完成变形的时间较快，加之仰拱可能因为施工滞后而不能及时闭合，故仰拱所受的压力较小，但仰拱对于隧道结构的整体受力、提高隧道衬砌结构的刚度和承载能力仍有不可替代的作用。仰拱和拱圈及边墙一样，是衬砌结构非常重要的一部分，设计时不容忽视，特别要注意仰拱与边墙的连接质量和平整度以及其施作的时间。软弱黄土隧道 X 方向和 Y 方向围岩压力分布图如图1和图2所示。

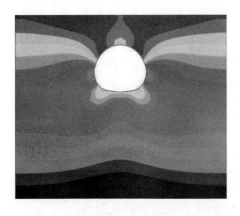 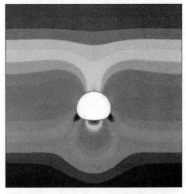

图1 软弱黄土隧道 X 方向围岩压力分布　　图2 软弱黄土隧道 Y 方向围岩压力分布

2. 浅埋杂填土段及典型地貌特征对隧道支衬体系的影响规律

杂填土段断面二次衬砌受力比较大，所承担的荷载比率比较大，由于隧道埋深较浅，土体强度低，稳定性差，加之为了隧道施工安全，在初期支护应变较小的情况下便开始施作二次衬砌，一次衬砌的变形必然会受到二次衬砌的约束，变形越大，二次衬砌受到的力就越大。深埋段二次衬砌受力比较小，二次衬砌受力左右对称，受力比较均匀，在施作二次衬砌的时候，一次衬砌受力基本稳定，使得二次衬砌受力比较小，其主要作用是作为安全储备。浅埋段二次衬砌受力呈拱顶与拱脚大拱腰小，但整体受力不大。测试断面表明，受压最大的部位都在拱顶处，这与围岩压力是对应的。

浅埋杂填土段拱顶附近与拱脚处混凝土应变比较大，这可能是因为断面拱顶和拱脚处围岩压力都比较大，二次衬砌施作后，一次衬砌拱顶与拱脚处的残余变形比较大，使得二次衬砌应变在这两个位置比较大。深埋段两个断面二次衬砌混凝土应变值比较小。仰拱中的混凝土应变不同位置差别较大，但总体应变在规范允许范围内。

沟谷地形在坡脚和谷底存在应力集中区，由于集中区的存在，在隧道开挖时，应力重分布的形态较一般开挖段复杂，对隧道洞身开挖后的应力存在影响，使得在坡脚范围内隧道开挖时，拱顶上部围岩塑性区开展范围明显增大，易于导致塑性区范围从谷底贯穿至开挖面隧道影响的围岩范围内，表明隧道塌方风险最大处仍在隧道拱顶范围内。虽然沟谷部位存在明显的应力释放现象，但在隧道开挖和支护完成后，除沟谷处隧道围岩应力仍明显高于一般段外，沟谷部位围岩在施工过程中塑性区不仅贯通至地表面，而且在隧道向前开挖的过程中持续扩大，其他段落包括隧道结构下部围岩范围内的应力重分布特征和一般段无明显差别，故隧道塌方风险仍集中在沟谷段隧道拱顶部位。冲沟地貌对隧道的影响如图3所示。

图3 冲沟地貌对隧道的影响

3. 浅埋段软弱黄土地基承载力取值标准及合理的处治技术

浅埋段软弱黄土地基承载力取值常用的有如下四种方法：①在相同土质的地基中，参照相邻建筑物地基容许承载力来取值；②通过现场载荷试验取得的$p-S$曲线来确定地基容许承载力；③根据《公路桥涵地基与基础设计规范》（JTG D63—2007）中给出的各种土类的地基容许承载力取值；规范取值根据大量载荷试验资料和工程经验总结，然后再通过统计分析判定。④按地基承载力理论公式确定。用在理论公式计算地基承载力时，一种是临塑荷载和临界荷载公式，它们是由土体平衡条件得到的。第二种是极限承载力公式，这种公式是按地基土刚塑性的假定而导出的。在实际工程中，人们可以把临界荷载或临塑荷载作为地基容许荷载，另外还可把地基极限承载力除以一个大于1的安全系数，用作地基容许承载力。

基于现场浅埋软弱段黄土地基处治效果分析，高压旋喷桩处理软弱地基具有很快的施工速度,既安全又可靠,在施工时噪音也是不大,费用低,施工质量可控制,加固效果好,因具有以上优点,因此在地基加固中被广泛应用。通过黄土隧道基底高压旋喷桩加固,以黄土作为固结体的骨料,加固效果明显,隧底稳定性、安全性和承载力有了很大的提高。

4. 软弱黄土隧道地表裂缝与塌方处治措施

黄土在施工变形条件下易产生剪切断裂、形成地表裂缝紧随掌子面的现象,这种施工地表裂缝在隧道浅埋段施工中均有发现。虽然地表裂缝随隧道埋深增加裂缝逐渐减小、渐灭,但随水浸入地表裂缝区、软化黄土后仍将产生较大的地表沉降,对隧道结构长期稳定性产生一定影响,处治地表变形时,首先要处理地表现有的裂缝、陷穴、溶洞等,缩短开挖进尺,尽早封闭成环,同时应注意完善地表防排水系统。

隧道发生塌方,应及时迅速处理,处理时必须详细观测塌方范围、形状、坍穴的地质构造,查明塌方发生的原因和地下水活动情况,处理塌方应先加固未坍塌地段,防止继续发展。小塌方,纵向延伸不长、坍穴不高,首先加固坍体两端洞身,并抓紧喷射混凝土或采用锚喷联合支护封闭坍穴顶部和侧部,再进行清渣;大塌方,坍穴高、坍渣数量大,坍渣体完全堵住洞身时,在查清坍穴规模大小和穴顶位置后,可采用管棚法和注浆固结法稳固围岩体和渣体,待其基本稳定后,按先上部后下部的顺序清除渣体,采取短进尺、弱爆破、早封闭的原则挖坍体,并尽快完成衬砌;塌方冒顶,在清渣前应支护陷穴口,地层极差时,在陷穴口附近地面打设地表锚杆洞内可采用管棚支护和钢架支撑;洞口塌方,一般易坍至地表,可采取暗洞明作的办法。处理塌方的同时,应加强防排水工作。塌方往往与地下水活动有关,治坍应先治水,防止地表水渗入坍体或地下,引截地下水防止渗入塌方地段,以免塌方扩大。

5. 浅埋杂填土段隧道施工控制技术

杂填段施工方法实用性研究,根据人工杂填土土质松散,黏性极差的特点,并且埋深较浅(一般4~10m),在开挖时极易塌方,容易造成严重的后果。因此,制订地质超前支护和安全有效的开挖及支护方案成为一个项目成功的关键。大酉山隧道在浅埋杂填段,采用超前长管棚预支护技术对松散杂填土段进行加固,待掌子面前方围岩稳定后进行施工,整断面采用双侧壁导坑法开挖,每个导洞采用预留核心土微台阶法开挖,初期支护采用I25a 工字钢钢架支撑结合钢筋网片C25 喷射混凝土喷锚支护。

根据工程特点从超前支护、地层注浆预加固、导坑开挖、拱架初期支护等方面、对隧道的施工方案及安全控制要点进行了系统的阐述,对超前管棚支护及隧道开挖与支护效果进行了检验,结合现有经验,为类似黄土杂填段隧道施工提供一定的参考。

6. 软弱黄土隧道施工工法

对CRD 法、CD 法和弧形导坑法三种开挖方式进行对比分析,得出在地表下沉没有严格要求的浅埋黄土地段,采用CRD 法可以有效地控制黄土隧道的拱顶变形。与CRD 法相比,CD 法控制净空收敛的能力相对较弱,在大断面黄土隧道中尤其明显;与有横向支撑的CRD 法相比,CD法其中隔壁的稳定性较差。弧形导坑开挖法适用于不同埋深条件下的老黄土隧道,还可以用于浅埋非饱和砂质新黄土。从总体变形来看,黄土隧道开挖过程中拱顶下沉量远大于净空收敛量,因此控制拱顶沉降成为黄土隧道施工中的重要一环。

四、成果应用情况

青海地处我国西部,交通以公路为主,区域经济发展受公路交通状况影响明显。但由于自然条件恶劣,建设环境复杂,公路交通现状尚无法满足社会经济发展的需要。课题研究了软弱黄土隧道深浅埋界定、围岩压力设计取值、浅埋杂填土段及典型地貌特征对隧道支衬体系的影响、浅埋段软弱黄土地基承载力取值及处治技术、软弱黄土隧道地表裂缝与塌方处治、浅埋杂填土段隧道施工控制技术以及软弱黄土隧道施工工法等方面,通过现场试验验证有很好的效果。根据施工现场反馈信息可以验证本课题得出了可靠结论,优化了设计施工,并很好地解决了工程难题,对黄土隧道的修建提供了技术支持。

本项目所提出的软弱黄土隧道深浅埋界定方法、围岩压力设计取值、浅埋段软弱黄土地基合理的处治技术、软弱黄土隧道施工工法等研究成果已经广泛应用于类似工程中,取得了良好的经济效益,大大保证了软弱黄土隧道施工的安全。高压旋喷桩在软弱黄土隧道地基加固中的应用如图4所示,CRD法在软弱黄土隧道施工中的应用如图5所示。

图4 高压旋喷桩在软弱黄土隧道地基加固中的应用

图5 CRD法在软弱黄土隧道施工中的应用

五、经济社会效益

本项目直接服务于青海黄土地区公路建设,其研究成果是制定黄土地区隧道施工指南(或规范)的基础,为黄土地区公路建设与管理提供科学依据,进而指导我国其他黄土地区公路隧道建设的作用,具有较好的应用前景。

采用本项目所提出的软弱黄土隧道深浅埋界定方法能够在工程实际中快速判断出隧道围岩的深浅埋,进而能够准确分析出围岩的变形情况及应力释放路径,为支护结构的设计及隧道开挖方式的选择提供极大的便利,大大提高隧道的施工效率,节约施工成本。本研究提出采用高压旋喷桩加固技术对软弱黄土隧道地基进行加固,加固效果显著,长期稳定性好,施工噪声小,对环境污染小。将该加固技术应用于类似的黄土隧道地基加固中,对确保隧道施工安全,减少后期病害发生起到良好的作用,经济效果显著。

  本项目的实施,将大大提高隧道的施工及技术管理,确保黄土隧道的快速、安全施工,节约建设投资,有力推动青海地区及西部交通跨越式发展和区域经济快速增长,有明显的实用价值,经济与社会效益显著,而且在学科上有重要的理论意义,影响深远。

青海省公路工程多年冻土开挖定额测定研究

项目编号： 2013-03
任务来源： 青海省交通科技项目
承担单位： 青海省交通建设工程造价管理站
青海省公路建设管理局
青海省公路科研勘测设计院
研究人员： 张德福　赵群萍　刘　宁　杨应德　胡尔玺　王建良　杜海丽
陈胜利　杨凤龙　周俊萍　王琳涛　刘浩忠　董珍林　许存宏
解小明　李积龙　韩文旭　王庆岭　温立钊　蔺亚敏　姚冠兵
评价时间： 2015年9月17日
评价水平： 国内领先

一、项目研究背景及必要性

冻土及夹石冻土的开挖技术，对石油、水利、通信、建筑等国民经济建设和国防建设都有重大意义。随着国家经济建设重心向西部倾斜，高海拔、高寒山区的大规模公路建设正在如火如荼地进行。目前穿越青海省境内多年冻土地区的国道有109线、214线与227线，仅此三条线穿越多年冻土带近1 000km，而且大批省道也均通过多年冻土地区，其中代表性的有国道109线与214线的连接线S308线（曲麻莱—不冻泉）、海北祁连—热水公路、祁连—二指哈拉山公路、天峻—木里—江仓—热水公路等。目前许多穿越多年冻土区的公路均在改造、提高等级与扩建之中，在此建设过程中不同程度地遇到了冻土开挖的情况，冻土地区公路的修筑一般都是遵循保护冻土、路基以填为主、避免开挖的原则，但在建设过程中由于各方面的原因不可避免的对冻土进行开挖。

在冻土开挖方面，国外研究较多的是冻土的爆破问题，主要是极地采矿，冻土漏斗爆破试验和冻土内部爆破试验。尤其是20世纪70年代，苏联在建设北部地区时，就冻土的爆破参数进行了大量的试验研究，这些研究对钻机的选择及炸药包结构、单位耗药量及爆破的其他一些参数的确定有很大的参考作用。另外，美国科研人员通过在冻土中进行大量的爆破漏斗试验，确定炸药的最佳埋深。

国内目前建设单位在冻土地区公路建设过程中大多使用机械开挖和爆破开挖冻土,但交通部颁布的定额中没有机械开挖和爆破施工冻土的定额。在冻土开挖各种消耗量的测定方面,只调查到辽宁省、吉林省、黑龙江省对于机械挖冻土工程的有关规定,这些规定仅仅明确了开挖冻土的计价规则。但是,在高海拔地区多年冻土开挖定额方面还没有任何研究资料,本次开展的"青海省公路工程多年冻土开挖定额测定研究"将填补这一空白。

因此,冻土开挖定额研究对青海省多年冻土地区公路工程的建设具有重要和深远的意义。通过研究补充,为工程建设单位控制工程投资、设计单位编制工程概算、投标和施工单位控制工程成本、节约工程费用提供依据。

二、研究内容

1. 关键问题

(1)调查现有公路建设中开挖冻土的方式、方法;
(2)确定合理的多年冻土开挖的施工工艺、工序;
(3)评价多年冻土开挖施工工艺的效率;
(4)研究多年冻土开挖的定额。

2. 实施方案

根据调查现有公路建设中开挖冻土的方式、方法,通过分析讨论机械开挖冻土法和爆破开挖方法更适合现有青海省的公路建设状况,确定合理的多年冻土开挖的施工工艺、工序;然后根据选择的施工工艺,在不同地区的施工现场进行试验,对其适用性、经济性进行评价,确定冻土开挖的施工方法、工艺。同时,根据冻土层在实际开挖过程中消耗的各种要素,包括确定以工作时间计量的人工定额费用的消耗、各类材料定额费用的消耗和机械使用定额费用的消耗,来确定冻土层开挖的定额。

3. 技术路线

主要采用的技术路线是通过对冻土开挖施工工艺的分析对比、评价,确定适用于冻土开挖的施工工艺、方法;并在此基础上,通过测定实际开挖过程中所消耗的各种工、料、机数量,制定冻土开挖的定额。

三、研究成果

我省地处青藏高原,公路建设中冻土的开挖不可避免,冻土开挖施工的难度在于寒季时冻土冻结坚硬、机械难以开挖且效率低,暖季时冻土融化、易造成融沉、塌滑、流泥等严重危害;所以,从工程投资控制的角度来说,合理确定冻土路段公路路堑开挖、路基换填和明挖桥涵基础施工的费用是亟待解决的问题。

通过本次的测定研究和工程实践结果,公路施工中冻土的开挖一般以机械开挖法和爆破开挖法为主，机械开挖法对于开挖较薄的冻土层比较有效，对于较厚的多年冻土开挖能力有限，需要大型的挖掘机械才能进行施工，宜采用爆破法施工。在采用爆破施工时应合理选择钻孔机械设备、爆破器材，并结合冻土特性进行爆破参数的研究，浅孔爆破适用于挖方量较小、地形较复杂的情况；深孔爆破适用于挖方量比较集中且开挖高度较大的情况。

1. 一般情况下的多年冻土爆破开挖施工作业流程

（1）清理作业面：用机械配合人工清理作业面上的覆盖层、松石渣等，为测量布孔、钻孔做好准备。

（2）测量布孔：由测量技术人员按爆破设计准备标出炮孔位置，并绘制实际炮孔布置图。

（3）钻孔：由钻机司机按标出的炮孔位置及设计钻孔深度钻孔，其开眼位置、钻孔角度及炮孔深度误差应符合设计要求。

（4）检查清孔：完成钻孔后进行爆破，在装药前必须对炮孔钻孔质量进行检查，不合格或漏钻者应重钻补钻，并对实际钻孔参数进行记录，炮孔内有泥水或石屑等杂物时，应用小于炮孔直径的高压风管向孔底输入高压风将泥水及石屑等杂物吹净。

（5）核算药量：由爆破技术人员根据实际钻孔参数和冻土性质等情况对装药量进行核算调整。

（6）装药堵塞：爆破员根据爆破技术人员提供的调整后的炮孔装药量及雷管段别，按照炮孔的设计装药结构进行装药作业，炮孔堵塞应严格按设计堵塞长度，并堵塞好。

（7）连接起爆网络：每一施工循环的炮孔在钻孔、装药、堵塞完成后，由爆破技术人员严格按设计爆破网络连接各炮孔，网络连好后由专业人员进行检查，防止漏接错接。

（8）安全警戒：爆破实施前必须做好人员、车辆、机械设备的撤离疏散工作，安全警戒距离按设计确定，在此范围内所有人员、车辆、机械设备爆破时必须撤离。

（9）起爆：警戒开始后，由爆破技术人员将起爆主导线引至起爆点，确认警戒完成后在规定的时间起爆。

（10）爆后检查处理：爆破完毕并达到有关规定的时间后，先由爆破技术人员进入现场检查，确认安全后解除警戒。若发现有盲炮，应按《爆破安全规程》（GB 6722—2014）中有关盲炮处理的规定及时进行处理，若有危石等应及时进行排危。

（11）清渣：爆破完毕确认安全后，立即开始机械清渣运输作业。

（12）爆破效果分析：由爆破技术人员根据爆破和清渣情况及时对爆破效果进行分析，必要时应在下次爆破作业时调整爆破设计参数。

2. 采用爆破法施工时的注意事项

（1）爆破开挖应在冻土保持冻结的状态下快速施工。在定额的测定研究过程中发现，由于高原冻土地区寒冷缺氧的自然环境，满足保持冻结原则施工的工期有限，所以，在确定定额正常施工条件时不可能要求冻土地段均在寒季进行施工。结合青藏铁路经验和成果,对于高含冰量冻土路堑应在寒季,如每年的3、4、5月和10、11月进行,对于相当数量的低含冰量冻土和石质冻土路堑爆破开挖施工可以安排在暖季进行,并按允许融化的原则施工。

(2)爆破规模的选择,可根据高原冻土的工程地质条件和施工力量安排,路堑冻土开挖后的暴露时间不宜过长,开挖一段,处理一段,只有对前一次的爆破处理完成后,方可进行下一次爆破作业,否则冻土回冻需要重新开挖或者影响工程质量,也造成定额数据的不合理。

(3)施工方法的比选,冻土的爆破技术已在青藏铁路应用,据有关文献显示,爆破施工中钻孔费用占整个费用比例较大,而不同的土质条件下,不同形式的钻机的效率相差数倍,建议建设、施工、咨询等单位更进一步做好不同冻土钻机类型选择问题的论证。钻机和爆破器材应根据不同的冻土类型、不同工程部位、不同的施工季节综合选择,钻孔的孔径不宜过小,太小的孔径会因相对传热面积大而造成吹渣不畅,降低效率,也会影响成孔效果,发生卡钻甚至导致钻孔报废,钻孔时按照设计深度,尽量做到少超不欠。

(4)爆破应选用防水、防冻炸药,再配以非电毫秒管组成的非电毫秒微差导爆管起爆系统,青藏高原地区生态脆弱,应严格控制炸药需要量以减少对冻土的扰动,按照保护周围生态环境和降低对周围常年冻土扰动的原则,爆破以松动爆破为宜。

另外,可以从测定的数据结果看出,无论采取何种施工方法,不同的冻土类型将对定额中的物质消耗产生影响。仅从定额基价来看,采用爆破法时,"含土冰层"相对于"少冰~多冰"造价增加18%左右;采用机械开挖法施工时,"含土冰层"相对于"少冰~多冰"造价增加23%,"富冰~饱冰"相对于"少冰~多冰"增加约18%,"含土冰层"相对于"富冰~饱冰"增加约5%。由于这种规律的存在,可以对无法或者没有测定的冻土类型的造价计算进行理论推导,如采用内插的方法推导出钻孔爆破法开挖"富冰~饱冰"冻土定额消耗。

公路工程多年冻土开挖定额通过在"沟里乡至花石峡公路""治多经杂多至囊谦公路""S308线曲麻莱至不冻泉公路"以及"花石峡至久治公路"的现场实际测定,数据整理后已得出初步结论,其中"花石峡至久治公路"测定数据与其他三条公路相比,离散性太大,暂时予以剔除,后期将进一步查找具体原因。本次将按社会平均水平原则汇总其他三条公路的测定过程和数据结果,按照"机械开挖法"和"爆破法"两种施工方法整理出多年冻土开挖补充定额。

在汇总不同项目定额数据时,根据交通运输部《多年冻土地区公路设计与施工技术细则》(JTG/T D31-04—2012)中按含冰量对多年冻土的分类规定,以及冻土专项地勘报告所提供的冻土类型,在本次数据综合时,结合测定阶段现场实际测定的各种工料机消耗情况,将多年冻土开挖的定额划分为:"少冰~多冰冻土""富冰~饱冰冻土""含土冰层"三个子目。其中,多年冻土(土夹漂石)开挖定额水平类似于多年冻土(含土冰层),将"多年冻土(土夹漂石)"和"多年冻土(含土冰层)"合并,得出"青海省公路工程多年冻土开挖补充定额"(见表1)。

青海省公路工程多年冻土开挖补充定额　　　　　　　表1

工程内容：爆破施工；开辟工作面；选孔位，钻机就位，钻孔，清孔，装药，填塞；安全警戒；引爆及检查结果；排险；准备装车外运。

机械开挖：安设挖掘机；开辟工作面开挖；挖土；堆于一边；移位。

单位：100m³天然密实方

顺序号	项目	单位	代号	爆破法			机械开挖法		
				少冰~多冰	富冰~饱冰	含土冰层	少冰~多冰	富冰~饱冰	含土冰层
				100m³					
				1	2	3	4	5	6
1	人工	工日	1	0.8	0.9	1.1	0.3	0.4	0.4
2	高风压潜孔钻头(Φ110mm)	个	215	0.02	0.02	0.02	—	—	—
3	冲击器	个	219	0.01	0.01	0.01	—	—	—
4	硝铵炸药	kg	841	38.5	41.0	41.9			
5	非电毫秒雷管	个	847	12	12	12			
6	其他材料费	元	996	179.0	179.3	179.5	105.0	105.0	105.0
7	斗容量2.0m³履带式单斗挖掘机	台班	1037				0.38	0.46	0.49
8	履带式潜孔钻车（孔径150mm以内）	台班	1115	0.18	0.22	0.25			
9	2.0t以内载货汽车	台班	1370	0.11	0.14	0.16			
10	17m³/min以内机动空气压缩机	台班	1844	0.20	0.25	0.27			
11	基价	元	1999	723	805	853	654	771	813

注：机械开挖桥涵基坑时，定额应乘以1.3的系数。

四、成果应用情况

"青海省公路工程多年冻土开挖定额测定研究"课题在沟里乡至花石峡公路、治多经杂多至囊谦公路及S308线曲麻莱至不冻泉公路项目中进行了应用，为工程建设单位控制工程投资、设计单位编制工程概算和施工单位控制工程成本、节约工程费用提供依据。

五、经济社会效益

随着青海省多年冻土地区高等级公路的建设，越来越多的公路工程建设将会遇到多年冻土的开挖，本项目研究将会完善冻土地区公路建设的计价依据，其研究成果对指导多年冻土地区公路工程施工具有重要和深远的意义，为工程建设单位控制工程投资、设计单位编制工程概算和施工单位控制工程成本、节约工程开支提供依据，合理确定和有效控制工程造价，促进我省公路建设事业健康发展。

青海省道路运输车辆油耗研究

项目编号：2010-04
任务来源：青海省交通科技项目
承担单位：青海省交通科学研究所
　　　　　　长安大学
　　　　　　青海省公路运输管理局
　　　　　　青海交通职业技术学院
研究人员：徐安花　杨　琦　徐　勇　李　慧　袁长伟　房建宏　熊建国
　　　　　　王养性　袁华智　赵跃峰　吕少锋　郑文娟　靳生盛
评价时间：2013年6月20日
评价水平：国内先进
获奖情况：荣获2013年度中国公路学会"科学技术三等奖"

一、项目研究背景及必要性

发展经济、确保能源安全与保护环境是所有国家面临的重要任务，交通部门由于依赖稀缺的石油燃料压力尤为巨大。我国《十二五规划纲要》中，将"十二五"期间单位国内生产总值能耗和二氧化碳排放分别降低16%和17%作为约束性指标。而在所有利用能源的活动中，交通部门是最难找到政策以降低能源消耗与减少环境污染的部门。目前我国，正处于交通快速发展与转型期，研究道路运输车辆油耗，具有重要的现实意义。

道路交通运输中，机动车所消耗的燃料主要是汽油和柴油，这两种燃料是从非再生能源石油中提炼出来的，因此，石油是道路交通运输持续发展的基础资源，更是重要的战略资源。道路交通运输系统中的能耗主要源于道路车辆，可分为直接能耗和间接能耗。直接能耗主要是用于驱动车辆的那部分，间接能耗是指维护运营交通运输系统所需要的能源，主要包括维修运输车辆与养护道路所需要的能源。道路运输主要是直接能耗，间接能耗与之相比相对很少，因此，本课题主要对直接能耗指标进行分析研究。

随着道路运输的快速发展，燃油消耗的绝对值将越来越高。交通运输业是节能减排的重要领域，而道路运输车辆的节能减排是其中重中之重。因此，研究道路运输车辆的油耗，探讨道路运输车辆的节能减排对国民经济的可持续发展具有十分重要的意义。在社会经济快速发展、节能减排越来越大的宏观背景下,探讨道路运输车辆节能的必要性越来越迫切,需要从各种角度研究道路运输车辆节约能源的途径和措施,提高能源利用效率,控制道路运输对稀缺石油资源的能源需求,同时也有利于保护环境。

二、研究内容

本项目通过开展青海省道路运输车辆能源消费指标调查统计研究,了解和掌握道路运输能源消费情况,分析影响燃料消耗的各种主观和客观因素,为有效控制道路运输油耗、建立能源消费统计指标体系、监测体系和考核体系提供依据;完成车辆燃料消耗指标道路实测比对;开展青海省道路运输车辆燃料消耗量与其运行海拔高度的关系研究。

项目具体实施方案如下:

(1)调研咨询、收集资料、进行项目可行性研究及拟定研究大纲。

(2)确定车辆燃料消耗量指标调查统计方案,包括调查范围、车型划分、取样原则等。

参照国家统计局、交通运输部国统字〔2007〕183号文《公路运输能源消费统计报表制度》中的有关要求,调查统计方案如下:

调查范围为全省营业性公路运输载客汽车和载货汽车,具体车型分类见表1。

调查方式为典型调查,载客汽车可以选择长途汽车站或其他载客汽车聚集地进行调查;载货汽车可选择大的物流公司或者其他载货汽车聚集地进行调查。

样本数量为5类载客汽车每类6辆,7类载货汽车每类12辆,共114辆。

营业性运输车辆车型分类   表1

车辆类型	燃油类型	类别	车型代码	标记客位 X
载客汽车	汽油	I	11	7座$<X\leq 15$座
		II	12	$X>15$座
	柴油	I	13	7座$<X\leq 15$座
		II	14	15座$<X\leq 30$座
		IV	15	$X>30$座
载货汽车	汽油	I	21	$X\leq 2t$
		II	22	$X>2t$
	柴油	I	23	$X\leq 2t$
		II	24	$2t<X\leq 4t$
		III	25	$4t<X\leq 8t$
		IV	26	$8t<X\leq 20t$
		V	27	$X>20t$

(3)对1~2种典型车型,参照《营运货车燃料消耗量限值及测量方法》(JT 719—2008)中的有关规定,在全省范围内不同海拔高度的公路上进行油耗实测,以此作为燃料消耗量调查统计数据的参比值。

(4)调查、实测数据的分析处理。

(5)提出研究结论及指标、撰写课题报告。

三、研究成果

(1)提出本课题研究报告期内全省道路运输车辆典型车型的百公里燃料消耗统计调查指标(表2,图1)。

实测样本不同时速下百公里平均油耗(不考虑车辆空/满载)　　　　表2

车辆名称	车型代码	百公里平均油耗(L/100km)	
		$v_1=50$km/h	$v_3=80$km/h
9座金杯客车	11	7.896	9.644
40座宇通客车	15	11.230	16.560
长安星卡货车	21	4.246	6.756
重型罐式三轴货车	25	23.879	29.986
重型专项四轴货车	27	23.212	32.098

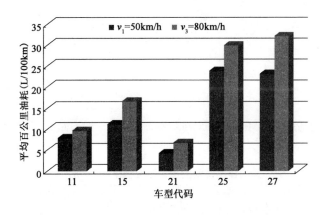

图1　实测样本不同时速下百公里平均油耗对比(不考虑车辆空/满载)

(2)提出1~2种典型车型在中等速度及中等配载、铺装路面、道路纵坡不大于2%、道路交通流为自由流、无横向干扰、不同海拔高度情况下,百公里燃料消耗量实测指标,并以此分析提出道路运输车辆油耗实测值与统计值的比对结果(表3,图2)。

实测样本不同道路条件下百公里平均油耗　　　　表3

车辆名称	车型代码	道路条件	百公里平均油耗(L/100km)	
			$v_1=50$km/h	$v_2=80$km/h
9座金杯客车	11	高速公路	8.371	10.159
		二级公路	7.658	9.386
40座宇通客车	15	高速公路	10.718	—
		二级公路	11.486	—

续上表

车辆名称	车型代码	道路条件	百公里平均油耗(L/100km)	
			$v_1=50$km/h	$v_2=80$km/h
长安星卡货车	21	高速公路	3.966	6.221
		二级公路	4.385	6.387
重型罐式三轴货车	25	高速公路	21.474	28.427
		二级公路	25.081	30.766
重型专项四轴货车	27	高速公路	23.858	31.180
		二级公路	24.890	32.556

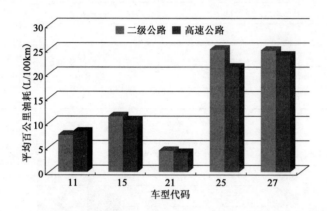

图2 实测样本不同等级道路上百公里平均油耗对比

(3)提出海拔高度分别在2 000、3 000、4 000m时,青海省道路运输车辆燃料消耗指标的对比分析结果(表4、图3)。

实测样本百公里平均油耗($v=50$km/h)　　　表4

车辆名称	车型代码	空载/满载	百公里平均油耗(L/100km)	
			$H_1=2\,945$m	$H_2=4\,250$m
9座金杯客车	11	空载	7.450	7.527
		满载	7.731	7.915
40座宇通客车	15	空载	10.269	12.068
		满载	11.268	12.377
长安星卡货车	21	空载	4.149	4.788
		满载	5.359	6.200
重型罐式三轴货车	25	空载	19.424	21.766
		满载	26.512	32.623
重型专项四轴货车	27	空载	20.906	25.124
		满载	26.093	35.436

由表4、图3可以看到:同等道路等级条件下,控制行车速度不变,海拔越高,汽车耗油越

大。以15型车(40座宇通客车)为例,海拔每增长1 000m,汽车空载状态行驶每百公里油耗就增加约1.4L;而且在汽车属于满载状态时,油耗增加的更多。

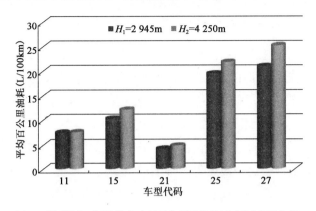

图3 实测样本不同海拔高度下百公里平均油耗对比(车辆空载)

四、成果应用情况

选用车辆分别在海拔2 000m、3 000m、4 000m的铺装路面、道路纵坡不大于2%、道路交通流为自由流、无横向干扰道路上进行百公里燃料消耗量实测。海拔2 000m的地区选择平安到西宁的高速路上完成,海拔3 000m、4 000m的地区在国道109线上完成。

根据最新的《青海省高速公路网规划》,在未来20年间,在青海省戈壁荒漠区将要修建大柴旦—察尔汗—格尔木、德令哈—察汗诺以及德令哈—都兰等多条高速公路,可见课题的相关研究成果对于指导未来青海省戈壁荒漠区的高等级公路建设的指导意义重大。

五、经济社会效益

1. 促进节能减排,为节能减排提供的基础数据与决策依据

我国是汽车生产和消费大国,截至2012年6月底,机动车总保有量达2.33亿辆,其中汽车1.14亿辆,摩托车1.03亿辆。而在青海,随着社会经济的发展,人民收入水平的提高,私人汽车也快速增长。截至2011年,青海省私人汽车拥有量超过了40万辆。面对着节能减排的严峻压力,在21世纪初,从国家层面开始大力推进节能减排减排工作,在这种宏观环境大背景下,交通运输业必须向着更节能、更环保的目标前行。

道路运输是综合运输体系的重要组成部分,是国民经济的基础性产业之一。在交通运输快速发展进程中,也面临着巨大的能源、资源和环境的压力和挑战。《国民经济和社会发展第十二个五年规划纲要》提出了"十二五"期间单位国内生产总值能耗降低16%左右的约束性指标;《道路运输业"十二五"发展规划纲要》也明确指出与2005年相比,营运客车、货车单位运输周转量能耗分别下降6%和12%,营运客货车辆燃料消耗量限值标准达标率100%。本项目的研究将在对青海省道路运输车辆油耗基础数据分析的基础上,努力为出台道路运输油耗

控制措施、政策提供技术支撑,促进道路运输行业节能减排工作的开展,促进青海省"十二五"至更长一段时期内的节能减排目标的顺利实现。

2. 分析影响燃料消耗的各种主观和客观因素,为有效控制道路运输油耗提供科学依据

影响道路运输燃料油消耗的因素纷繁复杂。归纳起来可以分为两大类:第一类是车辆本身的构造和制造工艺决定的,即在出厂之前就已大致是个定值;第二类是车辆的行驶中的各种状态因素,主要取决于车辆运行具体环境以及驾驶员的操作技能。具体可以分为如下几个方面:

(1) 道路条件,包括几何特征(纵坡、曲率和路面宽度等)和路面特征(平整度等);
(2) 气象条件,包括天气、海拔高度等外部条件;
(3) 交通状况,如流量、交通组成、行人流量和非机动车流量等;
(4) 其他因素,如驾驶员的驾驶行为等。

上述四方面的影响因素对车辆油耗的影响作用不是单独进行的,各影响因素之间也存在着相互影响作用关系,导致在分析道路运输车辆油耗并不简单,尤其是单个因素对车辆油耗的影响分析较为困难。通过本项目的研究,尽量量化分析影响道路运输车辆油耗水平的主要因素,为政府层面、企业层面的车辆节能减排提供细致、准确的基础依据。

3. 促进青海省道路运输的持续、健康发展

青海省道路运输服务业中小型企业居多,而且面临石油资源短缺、替代能源发展缓慢等问题,节能减排势在必行。本课题的研究在石油资源短缺、能源供应紧张的形势下展开,通过实地调查,分析各型汽车的百公里油耗情况,以及提出促进运输企业节能减排的有效措施,这不仅能推动青海省道路运输服务业转变经济增长方式,真正实现发展模式调整与优化结构,打造资源节约型及环境友好型行业。并能提高能源效率推进能源结构的调整,降低企业的经营成本,提高市场竞争力,优化服务与经营模式,共同为我们赖以生存的地球创造良好生活环境。

青海省公路智能运输系统发展研究

项目编号：2002-05
任务来源：青海省交通科技项目
承担单位：青海省交通科学研究所
　　　　　　招商局重庆交通科研设计院有限公司
　　　　　　青海省公路运输管理局
研究人员：徐安花　韩　直　房建宏　马　璐　田　川　安文娟　陈晓利
　　　　　　徐　勇　吕少峰　易富君
评价时间：2011 年 12 月 12 日
评价水平：国内先进

一、项目研究背景及必要性

西部大开发已被列入国家跨世纪发展战略目标。如何站在国民经济发展战略高度看待西部开发的重要性，在搞好交通基础设施建设的同时，积极推进智能运输系统项目的实施，促进西部大开发，既是西部的重要任务，也是国家所面临的战略任务。西部大开发需要交通运输现代化的大力推进，而对于青海省来说，交通运输智能化则是交通运输现代化的重要标志。西部大开发，实际上在很大程度是加速西部工业化、信息化、城市化的问题。发达国家是在完成工业化和城市化后开始信息化和智能化的，而我国必须"三步并作一步走"，同步推进，缩短进程。国内外大量的实践证明，交通运输产业、信息产业的发展对于一个国家、地区经济发展的促进作用是十分巨大的，而交通运输智能化则是国家工业化、信息化、城市化的基本条件之一。所以包括青海省的西部大开发，需要有交通运输智能化的大力促进。

21 世纪，我国交通运输业现代化发展的背景主要有以下几个特点：信息产业的迅猛发展为交通运输业的现代化创造了基础条件；经济的发展和运输需求的变化对交通基础条件和运输服务水平提出了更高要求；交通运输行业自身的快速发展也需要现代化的科学管理。

青海省如何借西部大开发的强劲势头，把西部交通运输行业的整体水平提升到一个新的高度，是摆在我们面前的一个十分迫切的问题。虽然我国至今还没有一套完善的智能交通系统实施的体系框架、技术标准、发展思路，但是以我国现有的交通运输状况，作为东部发达地区,应把交通基础设施的完善及智能交通系统的实施同步进行;而西部落后地区则应在加大交通基础设施建设的同时,积极进行交通运输智能化的实施,这应是青海省交通运输现代化发展的必由之路。

所以,根据青海省综合交通运输系统的现状,确定青海省公路智能交通系统的发展战略及对策,对于明确开发目标,避免重复研究和在低水平下的无计划开发,便于研究开发成果的应用和未来智能交通技术在青海省乃至整个西部的发展均具有重要的意义。

二、研究内容

1. 青海省战略地位、社会经济及公路交通发展概况分析

系统地分析青海省的战略地位、社会经济发展现状及趋势、公路交通发展现状及趋势。

2. 国内外公路智能运输系统发展历程分析

总结分析国外发达国家及国内典型区域的公路智能运输系统发展历程,分析国内外公路智能运输系统的发展经验及教训对青海的借鉴意义。

3. 青海省公路智能运输系统发展现状及趋势分析

(1)青海省公路智能运输系统发展现状分析

青海省公路智能运输系统发展现状包括发展成就及存在的问题两部分。其中,发展成就部分,主要分析青海省目前在公路信息化、智能化方面已开发和应用的技术;存在的问题部分,分析青海省在发展公路智能运输系统中存在的主要问题。

(2)青海省公路智能运输系统发展趋势分析

在分析国内外公路智能运输系统发展大趋势的基础上,结合青海省的经济、社会、地理特色,研究符合青海特色的公路智能运输系统发展方向。

4. 青海省公路智能运输系统发展需求研究

从国家战略层面、青海社会经济发展、青海公路交通自身发展三个角度,分析发展智能运输系统的需求。

(1)国家战略层面的需求。交通运输不仅是国民经济的基础产业,也是国防安全体系的重要组成部分。本节分析保障国防安全、维护西北地区稳定对青海发展公路智能运输系统的需求。

(2)青海社会经济发展的需求。交通运输与社会经济之间是一种动态的相互适应关系,交通运输满足社会经济发展的需求则促进社会经济发展,反之则制约社会经济的发展。分析青海促进经济发展、提高居民生活水平、保护生态环境对发展公路智能运输系统的需求。

(3)青海公路交通自身发展的需求。智能运输系统将先进的通信、信息、控制、计算机等科学技术应用于交通系统当中,对转变交通发展方式,提高交通运输发展效率具有重要的意

义。分析提高公路交通管理和服务水平、保障公路运输系统安全性、适应公路交通可持续发展对发展公路智能运输系统需求。

5. 青海省公路智能运输系统体系框架研究

（1）青海省公路智能运输系统发展战略目标研究

研究青海省公路ITS的发展战略目标，包括总体发展目标和分阶段发展目标。阶段划分为近期（2012—2015年）、中期（2016—2020年）、远期（2021—2030年）。

（2）青海省公路智能运输系统体系框架研究

研究设计青海省公路智能运输系统总体框架，包括用户服务分析、逻辑框架制定和物理框架制定。

（3）青海省公路智能运输系统建设分期实施规划

智能运输系统是一个复杂的巨系统，它的发展不是一蹴而就的，需要分阶段、分步骤实施。在青海省公路ITS整体体系框架的基础上，结合青海的情况，研究总体建设内容及近、中远期各阶段的建设内容。

6. 青海省智能运输系统发展优先项目的总体方案设计研究

确定青海省公路智能运输系统近期优先发展的科研项目和建设项目，分析优先项目的核心支撑技术，并对优先项目总体技术方案进行设计研究。

在优先项目总体技术方案设计的基础上，单独重点对公路交通综合信息平台、公路出行信息服务系统、公路交通紧急事件管理系统、公路智能物流管理系统等需要优先发展的应用系统进行设计研究。

7. 青海省公路智能运输系统发展机制研究

（1）调查并分析青海省公路智能运输系统的建设特点

智能运输系统是对传统运输系统的一种改革，智能运输系统的建设是一种组织创新、管理创新和观念创新的过程。通过调查青海省公路ITS的发展现状及发展环境，分析公路ITS建设过程中行业协调性、技术协作性、系统创新性等特点。

（2）研究青海省公路智能运输发展的主体关系

公路ITS建设涉及众多行业领域，是社会各界广泛参与的复杂巨系统工程。通过调查青海省当前及未来的公路运营管理体系，分析ITS建设过程中政府与企业的权利与职责分配关系，并分析ITS规划、建设、具体技术等行业间的分工与协调关系。

（3）研究青海省公路智能运输发展的建设策略

针对青海省公路ITS的建设特点及环境，从加强公路ITS规划、合理设置项目、积极争取政策支持、多渠道筹措资金、广泛借鉴国内外成熟经验、大力引进高端人才、严格实行项目评估等方面，提出科学可行的符合青海省省情的公路ITS建设策略，如图1和图2所示。

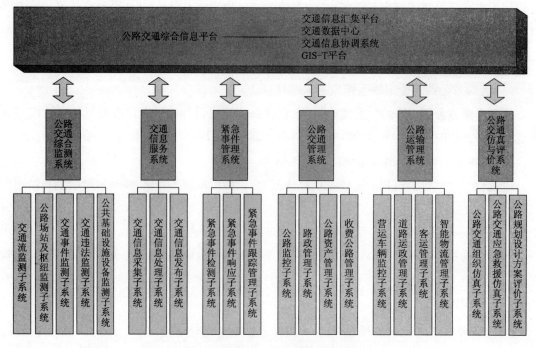

图1 青海省公路 ITS 总体建设内容框架图

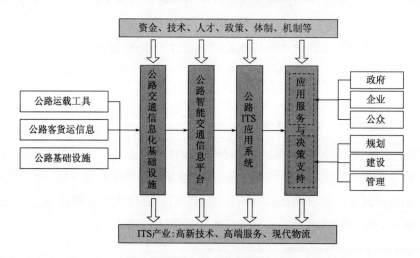

图2 青海省公路 ITS 总体框架结构图

三、研究成果

本项目针对青海省在国家战略地位、信息安全、生态环境、交通发展现状等方面与其他大部分地区显著不同的特点,以提高公共服务水平、改善行业管理能力、减少交通事故、降低资源消耗和环境污染为切入点,立足于青海省实际省情及公路智能运输系统的发展现状、发展需求,构建了面向青海省政治、生态、经济、交通特色的公路智能运输系统体系框架,并规划了青海省公路智能运输系统的发展战略目标(包括总体目标和分阶段目标),并制定了青海省公路智能运输系统的分期实施规划。

本项目的研究成果主要有：

（1）通过实地调研和资料收集，本研究总结了青海省在我国的战略地位、青海省的社会经济发展概况、青海省公路交通发展概况、青海智能运输系统的发展成就，分析了青海省公路智能运输系统发展中存在四个方面的问题：

①客运班车通达深度不够，偏远地区农牧民群众出行难、运输难问题依然存在；

②基础设施与运输装备水平不高，运输服务品质有待提升；

③地广人稀、运输线路长，救援网络的普及难度大；

④经营主体结构欠合理，运输组织化水平急需增强。同时分析了存在的需求及发展趋势。

（2）通过国内外资料查新，本研究总结了智能运输系统的发展历程和发展趋势，分析了国内外智能运输系统的发展经验在发展条件、规划模式、投资模式、建设模式、运营模式、管理模式六个方面对青海省的借鉴作用。

（3）以国家智能运输系统体系框架为指导，以提高公共服务水平、改善行业管理能力、减少交通事故、降低资源消耗和环境污染为切入点，立足于青海省实际省情及公路智能运输系统的发展现状、发展需求，本研究规划了青海省公路智能运输系统的发展战略目标（包括总体目标和分阶段目标）；设计了青海省公路智能运输系统的体系框架，并制定了青海省公路智能运输系统的分期实施规划。

（4）立足于青海省的省情、国家 ITS 框架以及青海省公路智能运输系统未来规划，本研究分析了在智能交通系统中青海省应重点开展研究的内容；建议了规划年优先开展的项目，并给出了优先项目方案设计内容。

①针对目前各部门资源共享、互操作性不强的问题，构建跨部门、跨行业的交通信息共用平台，以期实现青海省内各部门间信息的无缝衔接，为部门间高度协调和有效管理奠定基础。

②为实现出行者的高效出行和交通资源的有效组织利用，依托共享信息平台各方面资源的整合，完善公众出行信息服务。

③针对高速公路发生紧急事件的情况，为实现在路网范围内的统一管理、分级负责、协同运作、高效规范管理，提升处置各类突发事件的应急指挥、协调和管理能力，构建公路交通紧急事件管理系统。

④针对企业传统物流业务流程信息传递迟缓、运行时间长、部门之间协调性差、组织缺乏柔性等问题，立足 GPS、RFID、通信技术和人工智能等先进技术，通过业务流程优化、信息采集跟踪、车辆人员智能管理、订单的智能管理等步骤，构建智能物流管理系统，使之成为驱动青海企业未来发展的强劲增长点。

⑤立足于充分利用青海省现有收费系统资源和技术前瞻性考虑，构建适合青海省特点的电子收费系统。

（5）根据对青海省公路智能运输系统建设现状的调研，分析了青海省公路智能运输系的建设特点;分析了青海省公路智能运输系统发展的主体关系(包括政府职责范围、企业职责范围、行业间协调关系);最终给出了青海省公路智能交通系统的开发策略、建设层次及推进策略和建设保障措施。

四、经济社会效益

本项目在分析总结青海省经济社会及公路交通发展现状与规划的基础上,展开对公路智能运输系统的研究,明确了青海省公路智能运输系统的发展现状、需求及方向,引导智能运输系统的规划;确定了青海省公路智能运输系统发展战略总目标及分阶段目标,设计了公路智能运输系统体系框架,并确定了公路智能运输系统建设的分阶段实施内容,为智能运输系统建设提供指导,避免盲目性、无序性、重复性建设;明确了青海省智能运输系统的建设特点、主体关系,并提出了相应的建设策略,从而为有效协调各相关部门之间的关系,并为建设部门提供决策支持。

在相当长一段时间内,公路仍将是青海省的主导运输方式,且公路建设仍将是青海省交通部门的主要任务。随着青海省社会经济的持续快速发展及居民生活水平的不断提高,人们对公路运输服务的质量要求越来越高,青海不能效仿东部等发达地区先建设基础设施再提高服务质量的老路,应提倡基础设施建设规模数量扩张与全面提升运输服务质量、注重运输效益并重。因此,青海智能运输系统的发展需要在未构建完善公路网的背景下实现跨越式发展。

青海省收费公路建设市场化融资问题研究

项目编号：2012-02
任务来源：青海省交通科技项目
承担单位：青海省交通科学研究所
　　　　　长安大学
研究人员：徐安花　陆宁安　徐海成　张建斌　郑文娟　程　艳　时彩云
　　　　　晁永兰　马裕博　狄　鹏　李秀萍　洪成文
评价时间：2013 年 12 月 27 日
评价水平：国内先进

一、项目研究背景及必要性

资金是交通发展的基础，融资问题是交通发展始终不可回避的难题。中华人民共和国成立 60 多年来，尤其是改革开放以来，围绕筹措资金为交通建设服务这个重要问题，在公路建设投融资管理体制的推动下，我国（包括各省）不断创新交通投融资体制，拓展融资渠道，使得融资规模快速增长，资金运用日趋合理，资金结构逐步优化，为交通事业提供了有力的资金保障。

1999 年开始实施的西部大开发战略等对青海省交通建设的发展提出了新的要求，这对于青海省来说是机遇与挑战并存。今天，青海省经济社会体制改革正逐步深入，"扩内需、保增长"。在当前相对积极的财政政策与稳健（适度偏紧）的货币政策下，青海省经济正迎来新的扩张期，交通投融资环境也发生了深刻的变化：固定资产投资规模持续增加、成品油税费改革业已完成、传统信贷融资平台功能减弱、收费公路政策深度调整、国省干线投资迈向公共财政、小排量车辆购置税减征、地方政府债券发行解禁、国库集中收付制度推行、省管县体制改革在财政预算领域先行先试。同时，青海省公路建设事业也迎来了"建设、养护、偿债"的"三大高峰期"。可以肯定的是，"十二五"将是一个旧的投融资格局即将被打破，新机制正孕育形成的改革期。现在需要更加创新的思维、更广阔的视野以及更务实的行动来应对纷繁复杂的融资问题，使青海省公路交通建设能够可持续发展。

随着青海省高等级公路的迅速发展，建设资金相对短缺日益成为青海省高等级公路发展最重要的制约因素之一。《青海省公路水路十二五规划纲要》提出：加强国道、省道干线公路、出省通道和资源开发、旅游等公路的建设,增加密度,提高等级,构建"六纵九横二十联"公路网。实现主要出省通道、西宁至州府通高等级公路,力争到2015年全省公路通车里程突破7万km,高等级公路突破9 000km,其中高速公路达到3 000km。由此可见,青海省公路建设任务重、标准高、投资大。鉴于未来高等级公路建设存在着较大的资金缺口,资金问题已成为限制青海省高等级公路建设发展的重大问题。在当前国家金融政策收紧的宏观经济背景下,单一的依靠中央财政补贴或是过分依赖金融机构贷款的融资模式,很难满足未来青海省高等级公路建设发展的需要。因此,青海省需要以创新融资机制作保障,借鉴其他部分省份高等级公路融资的成功经验,尽快完善高等级公路融资机制,拓宽融资渠道,探索新的融资方式,青海省高等级公路项目中的资金资源合理配置问题是当前亟待解决的一个课题。

二、研究内容

本课题以青海省高等级公路建设融资问题为研究对象,主要内容包括:根据青海省公路融资现状、问题与未来规划,预测资金需求与资金缺口;借鉴其他省份融资方式与创新,结合青海省实际情况,设计融资方案、资金结构和进行可行性分析;对高等级公路融资方案提出动态保障措施,并给出课题研究结论与政策建议。具体内容如下:

1. 青海省高等级公路建设融资现状分析

在立足青海省公路建设与融资现状的基础上,研究青海省高等级公路建设项目融资渠道、融资规模、资金结构,解析存在的主要问题及成因。

2. 青海省高等级公路建设资金供求趋势分析

本部分内容主要包括资金需求预测和资金来源与缺口分析两个方面的内容。

(1)青海省高等级公路建设资金需求预测:首先对青海省未来五年的建设规模进行合理的分配,然后根据已建成高等级公路建设成本预测未来建设成本,并在此基础上预测未来五年各年的资金需求。

(2)青海省高等级公路建设资金来源与缺口分析:以高等级公路建设融资理论(资金来源渠道、资金特点、资金来源评价等)为基础,对青海省现有的车辆购置税专项资金及国家预算内资金(国债资金)来源进行多情景预测并根据需求计算资金缺口,进而分析缺口存在的成因。

3. 国内部分省市公路建设资金筹措经验与借鉴

(1)现有资金来源渠道分析与借鉴,即目前国内最广泛的、应用较为成熟的资金来源渠道的分析与借鉴。

(2)国内部分省市创新性资金来源渠道分析与借鉴,并对青海省可借鉴融资方式及可行性进行分析,具体分长期建设和短期周转资金筹措方式。

4. 青海省高等级公路建设融资方案设计及可行性分析

本部分内容主要是高等级公路建设融资方案的设计，具体包括：
(1) 融资方案设计的指导思想、基本原则与目标；
(2) 建设项目资金分解，具体分为资本金与债务融资资金来源构成；
(3) 融资方案设计，具体包括融资结构优化目标、融资结构设计及融资方案设计；
(4) 融资方案的可行性及方案实施过程中可能出现的问题分析。

5. 青海省公路建设融资方案动态保障措施构建

在确定了青海省高等级公路建设融资的方案之后，本部分内容主要是对方案实施后的保障措施进行构建，青海省高等级公路建设融资方案动态保障体系构建的目的是要增强方案的适用性，提高方案的可行性，最终有效地对融资方案的实施进行保障。本部分内容中的融资方案动态保障体系分别从直接和间接两个方面进行分析和构建。

6. 青海省公路建设项目融资问题研究结论及政策建议

三、研究成果

(1) 研究分析了青海省高等级公路建设融资现状，找到了融资过程中存在的问题以下几个方面的问题，并给出成因分析。

①管理主体问题：青海省高等级公路由青海省高等级公路建设管理局、青海省收费公路管理处、青海省公路建设管理局、青海交通投资有限公司四家同级单位进行投资、建设、管理、养护等工作的管理。从投融资角度来看，相较于其他省份，青海省高等级公路管理主体较多，如若公路项目建设资金不足，各单位相互之间可能会发生矛盾，这些都不利于青海省公路项目建设整体资金的合理分配，也不利于青海省交通厅工作方案的协调与执行。就国内各省普遍的经验，在高速公路里程达到1 000km后，应是高速公路管理体制发生变革的时期，青海省目前应是考虑这一现实问题的时期。

②融资规模问题：青海省高等级公路建设资金投入不足，主要表现为资金需求量大，资金存在一定缺口。

③融资结构问题：青海省高等级公路建设融资结构不尽合理，信贷资金比例过高。

④信贷风险问题：贷款风险主要在于信贷资金来源减少和还款来源不足，存在违约风险。

⑤地方性政府支持力度问题：青海省高等级公路建设融资主要依靠中央投资与青海省交通厅自筹，青海省政府财政与政策的支持力度不足。

青海省高等级公路建设融资问题成因分析：青海省经济发展相对滞后；青海省高等级公路发展尚处于初级阶段；青海省市场经济及资本市场欠发达；青海省公路建设优惠政策实施力度不足；青海省公路建设相关产业支持不够。

(2) 在综合研究青海省高等级公路建设资金需求和资金来源的基础上，分析了青海省高等级公路建设资金供求趋势。

采用青海省2007—2012年高等级公路中各等级已通车公路的平均造价结合略高于青海省CPI增长的公路造价增长率作为估算依据。估算得出:在青海省2013—2017年高等级公路建设资金需求中,总资金需求额由2013年的246.7亿元上升到了2017年的323.2亿元,涨幅约为31%。其中青海省高速公路对建设资金的需求巨大,2013—2017年青海省高速公路建设资金需求占到了青海省高等级公路建设总资金需求的91%以上,青海省二级公路建设资金需求占到了青海省高等级公路建设总资金需求的2.9%左右,青海省一级公路建设资金需求一直保持占到青海省高等级公路建设总资金需求的5%左右。2013—2017年青海省高等级公路建设资金需求绝大程度是青海省高速公路建设资金需求,青海省高速公路建设融资成为青海省高等级公路融资的主要问题。

青海省高等级公路建设里程与青海省生产总值之间二次曲线回归拟合如图1所示。

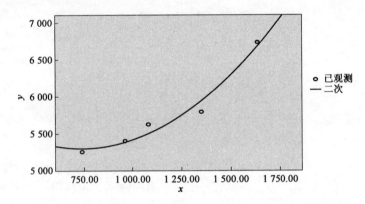

图1 青海省高等级公路建设里程与青海省生产总值之间二次曲线回归拟合图

(3)调查、研究和总结了国内部分省市的公路建设融资经验,并对青海省可借鉴的融资方式进行了可行性分析。

在总结分析了国内部分省份运用各种融资方式的经验体会的基础上,紧贴青海省十二五期间的资金缺口,从长期建设资金以及短期周转资金筹措两方面出发,分析其已有的融资方式现状以及再运用过程中可能会面临的问题,针对问题提出一些完善和改进的建议;同时提出在现有方式不足以保证十二五期间建设资金缺口的情况下,可考虑使用一些其他的方式,在立足青海实际情况下分析这些方式的可行性。2013—2017年青海省各等级公路建设资金总缺口如图2所示。

(4)立足青海省的实际情况设计了青海省高等级公路建设融资方案,并对所设计的方案进行了可行性分析,同时也对融资方案实施过程中可能面临的困难及问题进行了研究。

结合青海省高等级公路建设发展的宏观背景、产业基础、资源技术条件和融资状况,以满足项目建设的投资需求为目标,依据公路建设项目的融资特征,针对青海省高等级公路建设发展过程中投资政策体系不够健全,融资渠道狭窄等问题,把青海省公路建设的资金需求特点与具体融资方式结合起来,把资金融通与体制机制创新结合起来,进行融资模式设计,通过探索既符合省情又具有示范作用、既具有可持续性又有利于青海省高等级公路建设发展的融资体制和机制,尝试打通融资瓶颈,给出了有效解决青海省高等级公路建设发展的资金保障问题的方法模式,为青海省高等级公路建设发展提供可操作的融资规划方案。

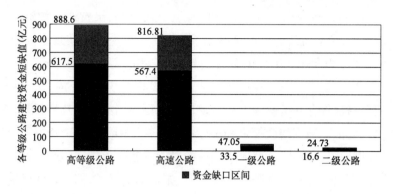

图2　2013—2017年青海省各等级公路建设资金总缺口图

(5)为了增强方案的适用性,提高方案的可行性,解决融资方案实施过程中可能面临的困难及问题,构建了青海省高等级公路建设融资方案动态保障体系,以保障融资方案的有效实施;本融资方案动态保障体系需要从十个方面进行综合分析和构建:

①加强高等级公路建设融资的组织领导;
②继续利用国家优惠政策,积极争取国家投资;
③争取省自筹资金及优惠政策,并真正落实到位;
④畅通银行信贷融资渠道;
⑤尝试政策突破,创新融资模式,引入民间资本;
⑥完善融资平台,保障资金支持;
⑦拓展其他资金来源;
⑧调整通行费征收政策,加强通行费的征收管理;
⑨建立有效的运营控制体系;
⑩健全风险约束机制。

(6)给出了课题研究结论与政策建议。

四、成果应用情况

当前公路建设的资金缺口较大,融资能力在不断下降,这对公路建设的健康持续发展,形成了巨大障碍。我国公路融资中存在的问题主要表现在:

(1)融资环境不佳(包括金融环境、经济环境和法律环境)。

(2)融资结构不合理,表现为:民间资金参与高速公路建设受到诸多限制,债券发展缓慢,公司融资市场化成分不足,银行贷款比例过高,存在严重的债务负担和金融风险。

(3)贷款资金比例过高,许多高速公路建成后的通行费收入不足以支付银行的贷款利息,大量信贷资金到期时本息无法按期偿还,全国高速公路建设负债资金已达数千亿元,致使公路行业和银行的风险都越来越大。

(4)政府投资比例过低。

《青海省十二五规划纲要》提出:加强国道、省道干线公路、出省通道和资源开发、旅游等公路的建设,增加密度,提高等级,构建"六纵九横二十联"公路网。实现主要出省通道、西宁至州府通高等级公路,力争到2015年全省公路通车里程突破7万km,高等级公路突破9 000km,其中高速公路达到3 000km。青海省公路建设任务重、标准高、投资大,资金问题尤显突出,未来收费公路建设存在着较大的资金缺口。在目前国家金融政策收紧,银根紧缩的宏观经济背景下,单一的依靠国家财政投资和过分依赖金融机构贷款的融资模式,很难满足未来青海省收费公路建设发展的需要,必然要求相应的融资机制作保障。因此,借鉴部分省份收费公路融资的成功经验,尽快完善收费公路融资机制,拓宽融资渠道,探索新的融资方式,使社会资源合理配置到青海公路项目,进而提高收费公路企业的综合实力,带动当地经济发展是青海省收费公路行业亟待解决的一个课题。

五、经济社会效益

对比项目开展之初制定的预期目标和项目取得的最终成果,我们可以看出"青海省收费公路建设市场化融资问题研究"项目完成情况良好:青海省高等级公路建设融资现状分析、资金供求趋势分析科学合理,借鉴国内部分省市的先进经验设计出的融资方案以及相配套的融资方案动态保障措施符合青海省的实际情况,给出的政策建议对于青海省的高等级公路建设具有较强的指导意义。

青海河湟区域厚层基材植被护坡技术应用试验研究

项目编号：2007-03
任务来源：青海省交通科技项目
承担单位：青海交通职业技术学院
研究人员：侯铁军　刘建明　虞卫国　张冬冬　钱觉时　房建宏　李群善
　　　　　　李积胜　晁　刚　郭海东
评价时间：2011年4月
评价水平：国内先进

一、项目研究的背景和必要性

西部大开发战略实施已来,青海省以公路为骨干的交通基础设施建设迅速发展,建成了一批对全省经济和人民生活产生重大影响的重点工程,使公路交通对经济社会的瓶颈制约得到一定程度的缓解,有力地促进了经济发展和社会的进步。但在公路工程建设中所造成的环境问题,单靠自然界自身的力量来恢复生态平衡需要较长时间,对地处特殊环境的青藏高原则更为漫长。特别是岩石边坡,往往留下永久的伤痕,不能自然恢复;另一方面,青海省地处青藏高原,自然生态环境脆弱,破坏扰动后很难恢复。因此必须采取工程措施对边坡沿线进行工程防护和人工植被防护,以减少生态灾害。目前关注的重点是工程防护,其短期效果显著,从其长期演变趋势看,由于过分追求强度功效,往往破坏了生物的多样性,工程所到之处一片灰暗,毫无生气。随着时间的推移,混凝土面、浆砌片石都会风化,老化以至破坏,后期整治难度很大。由于公路工程防护措施,破坏了原有物种的生长环境,被破坏的植物再难以恢复了,因此迫切需要高效实用且适合于青海特殊自然环境的植被恢复材料的技术。

因此,一种全新的以植被基材为核心的植被恢复技术具有非常广阔的应用前景,潜在的应用领域可以拓展到土壤改良、沙漠化防治等更多领域。本项目的研究利用半水石膏和粉煤灰制备植被基材的核心技术已由协作单位申报国家发明专利并获得授权,本次研究利用半水石膏和粉煤灰等开发出一种新的可用于青藏高原的岩石或土质边坡防护的植被材料,这种植被材料也可以用于取弃料场的生态恢复和荒漠化治理以及垃圾填埋场的掩埋。基材通过人工或机械喷射固定在岩石或土坡面上,作为植物生长的环境。在基材的形成过程中可混入植物种子,也可在基材未硬化前栽种植物或埋入植物根茎等,基材应能在短时间内(30min)硬化。基材的早期强度较高,使其能快速、牢固地附着在岩石坡面上,并能有效抵抗雨水侵蚀和冲刷。在坡度小于50°坡面,可取消钢筋混凝土框架以及植被网,对坡面平整度不需要严格的要求,施工后也不需要覆盖无纺布。基材中因含有多种微量元素,有利于植物生长、发育。在基材中掺入适量粉煤灰以及农作物秸秆,有助于在基材中形成空隙,使基材变得疏松多孔,使植物易于获得发芽、生长所需的光、空气、水分和肥料,而且也使得基材强度或整体性提高。

二、研究的内容

本项目研究所处的环境是青藏高原,具有海拔高、高寒、干燥缺水等特点,对于我们研究的厚层基材,要能有效地抵抗高寒的破坏,并具有干旱缺水的气候条件下的保水的性能。基材应具有足够的黏结力及抗冲刷能力,当喷射到岩石或土坡面上,能与岩石或土坡面紧密地黏结在一起并能抵抗降雨的侵蚀,同时能提供植物生长发育所需的水、肥、气条件,植物种子就会在坡面上生根、发芽、成长并覆盖坡面,从而达到恢复植被和生态护坡的目的。

主要研究内容:

(1)植被基材配方、性能以及生产工艺研究;

(2)室外模拟及工程现场试验的研究;

(3)植物的选择与长势情况及环境影响情况进行监测;

(4)技术指南的制定。

适用范围:

本项目研究成果适用于青海河湟区域公路工程建设中植被护坡,生态恢复等工程实际,以解决青海河湟区域高海拔,高寒,干燥缺水情况下,有效解决护坡材料抵抗高寒的破坏,解决干旱缺水的气候条件下的保水的难题。利用基材足够的黏结力及抗冲刷能力,解决抵抗饮水的侵蚀,同时提供植物生长发育所需的水、肥、气条件,提高植物种子生根、发芽、成长率并覆盖坡面,达到恢复植被和生态护坡的效果。

三、研究成果

研究成果包括:

(1)青海河湟区域厚层基材植被护坡技术应用试验研究工作报告书;

(2)青海河湟区域厚层基材植被护坡技术应用试验研究的研究报告;

(3)《厚层基材植被护坡技术指南》。

植被材料作为一种应用于恶劣环境的生态恢复新型建筑材料,已经广泛应用在公路、铁路、河道、矿山治理等基础建设中,本项目以植被材料为研究对象,通过室内试验及室外边坡试验,取得了如下结果:

(1) 提出以植被材料抗侵蚀性能作为控制指标,植被材料的工程性能与生态性能相协调的配合比设计思路,并指出应将植被材料质量流失百分率控制到 10% 以内。确定了石膏基胶凝材料用量在 0.13~0.06 之间,水固比控制在 0.34~0.44。

(2) 植被材料的保水性受保水剂影响最大,保水剂用量越多,保水性能越好,但是从植物生长角度来看,保水剂用量过多会阻碍植被的生长,甚至由于储水过多,引起土壤通气不顺,导致植被根系腐烂,根据试验结果,保水剂的用量应在 0.005~0.015 之间。

(3) 影响植被材料的抗侵蚀能力的主要因素有两个,一是黏结剂的用量,二是有机物的用量。有机物用量为 0.1~0.01 时,质量损失率都小于 5%;有机物用量为 0.11~0.15 时,质量损失率为 7.69%~23.07%,有机物用量虽然增长了 5%,而质量损失率增长了 15.38%。通过以上数据可以得到如下结论:有机物用量增加会使植被材料抗侵蚀能力下降,因此要严格控制有机物的用量,有机物用量应该≤0.1。有机质的主要作用是改善植被材料的结构,提供植被生长所需的一部分养分,通过对植物生长情况的监测,可以得到有机质含量越多,植物发芽时间越快,生长速度越快的结论。

(4) 植被材料所有的组成材料当中对三相组成影响最大的是有机物,有机物的用量选择的范围为 0.01%~0.1%,液相的变换范围是 44.4%~35.3%,气相的变化范围是 27.1%~11.0%,三相的比例满足植被的生长。从以上结果可以确定有机物的用量选择的范围为 0.01%~0.1% 是合理的。有机质的主要作用是改善植被材料的结构,提供植被生长所需的一部分养分,通过对植物生长情况的监测,可以得到有机质含量越多,植物发芽时间越快,生长速度越快的结论。

(5) 影响植被材料的 pH 值变化的原因有两方面,一方面是由于黏结剂石膏基胶凝材料本身就具有降低碱性的功能,另一方面是材料中加入了有机质,有机质中含有大量的腐殖质,腐殖质本身具有降低碱性能力,从而提高了植被材料抵抗 pH 值变化的能力。不同配比的石膏基胶凝材料和有机质降低了植被材料的碱性,使原土的 pH 值从 8.03 降到 7.61~7.93,降低后的 pH 值完全适合所选草种的生长。

(6) 植被材料的水平收缩率随胶凝材料用量增大而增大,随有机物用量的增大而增大。

(7) 植被材料的抗冻性随胶凝材料用量增大而提高,随有机物用量增大而提高。

(8) 通过室外试验验证了室内配合比设计的合理性,说明植被材料具有很好的性能适合植物生长,并具备适应当地恶劣气候条件的能力。

四、成果应用情况

丹(东)拉(萨)国道主干线西宁过境公路西段是国家高速公路网和青海省公路主骨架"二横三纵"中的重要组成部分,全长 20.05km,项目总投资 17.035 亿元,于 2007 年 6 月 20 日正式开工建设。设计行车速度每小时 100km,改建公路路基双向六车道宽 33.5m。这条高速公路在青海省起于平西高速公路朝阳互通立交,止于上巴浪互通立交,接西湟一级公路。西宁西过境公路可谓是国内公路建设中的"集大成者"。其一,里程最短,桥隧众多。在长达17.07km的新建路线上,就有特大桥、大中桥、双幅隧道、天桥以及互通、分离式立交桥共计20多座,桥隧累计长度占路线里程的43.64%;其二,单位投资最大,每公里1亿元的投资在青海已建和在建高速公路中绝无仅有;其三,施工难度大,沿线不良地质如Ⅲ、Ⅳ级湿陷性黄土、盐渍土所占比重达99.7%;其四,建设内容最齐全,无论是技术手段的应用还是施工方法,都是国内已建和在建高速公路中施工技术最复杂的。

本课题选择 K6+600~K6+700 作为试验路段。试验路段位于西宁市,西宁市位于青藏高原东部,平均海拔2 261m,地理坐标东经101°77′、北纬36°62′。地势自北向南倾斜,西北高,东南低,东西狭长,形似一叶扁舟。湟水及其支流南川河、北川河由西、南、北汇合于市区,向东流经全市。西宁属大陆性高原半干旱气候。气压低、日照长,雨水少,蒸发量大,太阳辐射强,日夜温差大,无霜期短,冰冻期长,冬无严寒,夏无酷暑,是天然的避暑胜地。

该路段地处大酉山,周边植被资源非常匮乏,原本为荒山,只有本土的地被植物,由于退耕还林,由青海省林业厅在荒山上种植了柠条。

本段路堤边坡岩性主要以黄土为主。该坡面坡度为1:1.5,坡向有阳坡和阴坡。试验路段路堤边坡裸露现状如图1所示。

图1 试验路段路堤边坡裸露现状

该成果在丹拉国道主干线西宁过境公路西段,根据实验室及室外模拟试验的结果,在西宁过境公路西段选择了1 000m² 的试验段进行试验研究,试验效果良好,可以预见,在未来的路域生态恢复中,植被建筑材料将起得十分重要的作用,但目前还没有大面积推广应用。植被恢复情况如图2所示。

五、经济社会效益

在防护功能同等条件下,喷混植草综合单价约为浆砌片石的一半,厚层基材护坡约为其1/3,即使不考虑植被护坡对自然环境恢复的作用,单从经济方面比较,厚层基材护坡对传统护坡技术有明显的成本优势。随着厚层基材护坡的喷播机械、喷播材料进一步的国产化,喷播工艺的进一步成熟和合理,其造价将进一步降低。厚层基材除了具有良好的经济效益外,所产生的社会效益及环保效益也很突出,特别是在资源极度匮乏、生态极度脆弱的青海及西北地区,这些效益是无法用钱数来衡量的,如涵养水源,改善气候,吸毒滞尘等更是无法估量。

图2　植被恢复情况

汽车发动机燃用乙醇汽油和普通汽油在青海高原环境下的对比性研究

项目编号： 2008-08

任务来源： 青海省交通科技项目

承担单位： 青海交通职业技术学院

研究人员： 李文时　靳生盛　熊建国　任庆平　范永庆　王海峰　石爱勤　李　慧

评价时间： 2012 年 7 月

评价水平： 国内先进

一、项目研究背景及必要性

随着我国汽车工业的迅速发展和汽车保有量的高速增长，我们正面临着汽车能源需求与环境保护的双重压力。因此，针对我国自然条件和能源资源特色，逐步改变汽车能源结构，实现高效率的能源利用，发展汽车清洁代用燃料，已成为我国能源与环境研究中的一个十分重大和紧迫的任务。

发展乙醇汽油对提高燃料自给能力、节约石油资源、推动农业产业化的发展、增加农民收入、促进经济建设和可持续发展具有重要的战略意义和应用前景。我国在黑龙江、吉林、辽宁、河南、安徽等省市已成功开展了车用 E10 无水变性乙醇汽油的推广应用。结果表明，乙醇汽油作为一种新型生物燃料，无论从技术、管理、经济上使用推广都是可行的，符合我国国情。燃料乙醇是一种绿色并且可再生能源，伴随着科学技术日新月异的发展，粮食和各类食物纤维都将成为其丰富的原料来源，它可以在部分上代替不可再生的石油能源。这在一定程度上是国家能源的一种有效的生产储备，同时，燃料乙醇的开发与应用有利于国家能源安全。

车用乙醇汽油在我国部分省市已得到成功的应用和推广，但在高原环境下车用乙醇汽油对在用车的适应性及在高海拔、严寒干燥地区的应用试验研究等尚处于空白，本项目的研究有待于补充和完善车用乙醇汽油在高原环境下的适应性及排放情况，为高原地区推广乙醇汽油提供一定的依据。

二、研究内容

乙醇汽油是一种由粮食及各种植物纤维加工成的燃料乙醇和普通汽油按一定比例混配形成的新型替代能源。按照我国的国家标准,乙醇汽油是用90%的普通汽油与10%的燃料乙醇调和而成。

由于高原气象环境的特殊性,工作在高原地区的内燃机面临着一个共同的问题,即由于高原海拔高、大气压力低、空气中的氧含量较平原地区有所下降,进入气缸内的空气质量较小,使得气缸内进气终点的压力低于设计标准,致使压缩终点压力及温度达不到应有的水平,引起内燃机启动困难,小负荷时工作不稳定,排烟呈白色,内燃机在大负荷时排烟变成浓黑色,最大功率大幅度下降,耗油量上升、排放恶化;同时润滑油和冷却水温度偏高、水箱经常开锅、内燃机工作稳定性受到影响;海拔越高,空气越稀薄,内燃机的性能随海拔的升高而恶化的影响也就越明显。目前,柴油机、汽油机及压缩天然气在高原环境的适应性研究已取得大量的成果,但对燃用乙醇汽油的内燃机在高原环境的适应性研究还是个空白,通过此项目的研究,我们将按照如下内容和方案开展研究:

1. 主要研究内容

本课题是对卡罗拉轿车和EQ1092货车发动机使用普通汽油和乙醇汽油燃料,利用测功机进行发动机台架试验,进行动力性和经济性对比分析。通过试验数据得出使用乙醇汽油对发动机动力性、经济性的影响程度、提出相应的解决思路,并在发动机上进行反复对比试验,彻底搞清动力性、经济性的变化、变化范围。之后在海拔2 000m、3 000m和4 000m进行道路对比试验,得出不同海拔高度下的动力性、经济性和排放对比试验数据。

2. 预计解决的关键问题

(1)在各种转速和负荷下动力性和经济性的对比分析;

(2)发动机随海拔高度变化对发动机动力性、经济性的影响研究;

(3)发动机随海拔高度变化,使用两种燃料对环保的影响研究;

(4)动力性下降的根本原因分析;

(5)尾气排放成分分析。

三、研究成果

本项目依据技术标准:道路试验进行严格按照国家相关法规标准规定的要求操作,主要依据《汽车最高车速试验方法》(GB/T 12544—1990)、《汽车加速性能试验方法》(GB/T 12543—1990)、《汽车燃料消耗量试验方法》(GB/T 12545—1990),利用非接触式测速仪(CTM-8)、海拔高度及大气压力表、风向风速仪、温湿度计、秒表等仪器进行试验;发动机台架试验采用国家标准《汽车发动机性能试验方法》(GB/T 18297—2001),进行台架试验的发动机在从道路试验所用车辆上拆解下来后,装入台架时,去除了发动机的空气滤清器、冷却风扇等附件,利用水力测功仪进行试验。

通过试验和研究,得到汽油机燃用普通汽油和乙醇汽油在动力性、经济性、尾气排放等方面的对比数据,为高原地区使用乙醇汽油奠定了技术基础。本项目试验数据及结论适用于海拔 2 000~4 000m 的青海高原地区使用 E10 乙醇汽油燃料的小轿车(5 座以下)及载货汽车(4t 以下)。

主要成果如下:

1. 车辆道路试验成果

(1)最高车速的对比数据

使用 E10 较使用普通汽油燃料车辆的最高车速随海拔高度增加而增加。在海拔小于 2 000m 范围时,丰田卡罗拉轿车的最高车速较使用普通汽油时高 0.27%,东风载货车的最高车速较使用普通汽油时高 2.45%;在海拔 3 000m 范围时,丰田卡罗拉轿车的最高车速较使用普通汽油时高 1.69%,东风载货车的最高车速较使用普通汽油时高 6.0%;在海拔 4 000m 范围时,丰田卡罗拉轿车的最高车速较使用普通汽油时高 5.47%,东风载货车的最高车速较使用普通汽油时高 9.02%。

(2)加速性能对比数据

使用 E10 较使用普通汽油的车辆的加速距离,随海拔高度上升而缩短。在海拔 2 000m 范围时,丰田卡罗拉轿车的加速距离比使用普通汽油时缩短 3.87%,东风载货车的加速距离比使用普通汽油时缩短 0.68%;在海拔 3 000m 范围时,丰田卡罗拉轿车的加速距离较使用普通汽油时缩短 8.10%,东风载货车的加速距离较使用普通汽油时缩短 2.54%;在海拔 4 000m 范围时,丰田卡罗拉轿车的加速距离较使用普通汽油时缩短 11.61%,东风载货车的加速距离较使用汽油燃料时缩短 11.54%。

使用 E10 较使用普通汽油的车辆的加速时间,随海拔高度上升而缩短。在海拔 2 000m 范围时,丰田卡罗拉轿车的加速时间比使用普通汽油时缩短 2.93%,东风载货车的加速时间比使用普通汽油时缩短 0.40%;在海拔 3 000m 范围时,丰田卡罗拉轿车的加速时间较使用普通汽油时缩短 10.50%,东风载货车的加速时间较使用普通汽油时缩短 1.81%;在海拔 4 000m 范围时,丰田卡罗拉轿车的加速时间较使用普通汽油时缩短 10.97%,东风载货车的加速时间较使用普通汽油时缩短 12.05%。

(3)燃油经济性对比数据

使用 E10 较使用普通汽油的车辆燃油消耗量,随海拔高度的上升而降低。在海拔 2 000m 范围时,丰田卡罗拉轿车 80km/h 等速油耗比使用普通汽油时降低 6.10%,100km/h 等速油耗比使用普通汽油时降低 4.83%,东风载货车 50km/h 等速油耗比使用普通汽油时降低 4.00%,70km/h 等速油耗比使用普通汽油时降低 3.50%;在海拔 3 000m 范围时,丰田卡罗拉轿车 80km/h 等速油耗比使用普通汽油时降低 9.90%,100km/h 等速油耗比使用普通汽油时降低

8.90%,东风载货车的50km/h等速油耗比使用普通汽油时降低8.95%,70km/h等速油耗比使用普通汽油时降低10.43%;在海拔4 000m范围时,丰田卡罗拉轿车60km/h等速油耗比使用普通汽油时降低14.0%,80km/h等速油耗比使用普通汽油时降低14.42%,东风载货车40km/h等速油耗比使用普通汽油时降低12.97%。

2.发动机动力性能台架试验数据

（1）发动机最大扭矩

燃用乙醇汽油和普通汽油,发动机扭矩、燃油消耗率曲线的变化趋势是一致的。燃用乙醇汽油时最大扭矩为226.24N·m（1 673r/min）,燃用普通汽油时最大扭矩为225.2N·m（1 496r/min）。燃用乙醇汽油和普通汽油二者比较,最大扭矩上升4N·m,增加了3.2%。

（2）发动机最大功率

燃用乙醇汽油和普通汽油,发动机的功率变化基本一致,在所测得的试验数据范围内,乙醇汽油的最大功率为60.4kW（3 258r/min）,燃用普通汽油时最大功率为58.5kW（3 143r/min）。功率上升1.9kW,增加了3.6%。

（3）车辆底盘功率

东风货车使用E10时,其底盘输出功率相比使用普通汽油增加0.3kW,变化率为1.18%;丰田卡罗拉轿车使用E10时,其底盘输出功率相比使用普通汽油增加了0.45kW,变化率1.94%。

3.发动机排放试验数据

发动机燃用乙醇汽油和普通汽油,发动机的有害排放总体变化趋势相似。NO_x排放的曲线基本一致,使用E10作燃料时,排放要高于使用普通汽油作燃料。CO排放曲线,使用汽油作燃料时,曲线波动较大,使用E10作燃料时基本呈线性变化,E10的CO排放要小于汽油;HC排放曲线呈波动变化,汽油燃料波动较大,E10波动较小,在3 300r/min以下转速,E10的HC排放要低于普通汽油。

四、成果应用情况

乙醇汽油在国内部分省市进行了应用和推广,主要是利用陈化粮制造的乙醇,但随着陈化粮的逐步用竭,国家不再提倡利用粮食作物作为乙醇汽油的制备原料,而其他制备乙醇汽油的原材料受到技术、成本等因素的限制,目前还没有全方位推广和应用,在青海高原环境下,乙醇汽油目前也没有应用。

五、经济和社会效益

由于乙醇汽油的燃烧特性,使用乙醇汽油可以提高发动机功率、降低燃料消耗率,同时能有效地预防和消除火花塞、燃烧室、气门、排气管、消声器等部位积炭的形成,避免了因积炭的形成而引起的故障,延长部件的使用寿命;乙醇汽油中的乙醇是一种性能优良的有机溶剂,能有效地消除油箱及油路系统中杂质的沉淀和凝结,有良好的油路疏通作用,减少为清洁疏通油路而产生的维护费用;乙醇汽油有降低稀释机油的作用,可延长发动机机油的使用时间,减少更换次数。因此,使用乙醇汽油有一定的间接经济效益。

车辆燃用乙醇汽油可以降低有害气体排放。车辆尾气污染在人口密度较大、车流量较大的区域和城市,已成为一种严重的环境污染源。乙醇汽油由于燃烧充分,可使汽车有害尾气排放总量降低33%以上。中国汽车研究中心的车用乙醇汽油8万km行车试验检测数据表明:尾气排放中CO排放明显降低,最大降低率已达55%,算术平均降低率为30.8%;HC化合物算术平均降低率为13.4%。乙醇汽油具有抗爆性优良的特点,减少工况噪声,降低汽车噪声对城市环境的影响。因此,试验乙醇汽油在减少车辆尾气排放方面有良好的社会效益。

青海省公路桥涵水文分区的修正及应用研究

项目编号：2008-09

任务来源：青海省交通科技项目

承担单位：青海交通职业技术学院

研究人员：王海春　李　捷　徐旭东　陈湘青　许　云　商　可　衡秀云
　　　　　严莉华　井　浩　尹　萍

评价时间：2011年4月

评价水平：国内先进

一、项目研究背景及必要性

青海是一个以公路交通为主要运输方式的经济欠发达地区，优先发展公路交通对于促进青海资源开发，推进经济发展和社会进步及群众脱贫致富具有不可代替的"先行"作用。国家实行西部大开发政策以来，青海交通事业实现了超常规、跨越式发展。三江源区地处青藏高原腹地，其独特的生态环境造就了世界高海拔地区独一无二的大面积湿地生态系统，高寒广袤的源区大野每年向下游供水600亿 m³，使之成为"中华水塔"，乃至"亚洲水塔"。三江源区生态保护建设项目于2005年8月30日启动，其中水保生态建设总投资为1.5亿元，该项目将实施到2010年。三江源区生态保护建设项目开展以后，将极大地改善三江源头广大地区的气象水文现状，旧的水文分区是否仍然适用，尚有待进一步论证。目前青海省水土保持监测总站已完成三江源区监测布点工作，下一步将逐步开展源区水土保持生态环境监测，将对该区域的土壤退化、水沙变化、降雨量变化、植被覆盖度等项目进行长期科学数据调查与分析，为更好地保护和利用三江源区生态资源提供科学依据。

青海省设计单位目前所使用的水文公式，是青海省公路科研勘测设计院1991年10月11日整理修正并抄报交通厅和省公路局的一份文件，题目为《关于〈青海省水文分区及计算公式〉试行的通知》。该文件中，针对1986年6月报部公路规划院的流量与流域面积关系式 $Q_{cp} = CF_n$ 为线性回归关系，在回归直线以下的点区，其设计流量无问题，但在回归流量以上的点区，求得的设计流量小于实际流量的问题。在回归直线的基础上采用包络线法，将回归直线平移至各点区上方（个别点区除外），即原回归直线的 F_n 值不变，增大 C 值，这样设计流量的取值偏于安全。另外,青海省公路科研勘测设计院对省内河流水系及设置水文站情况进行了汇总,对西宁市、海东地区、海南州、海北州、黄南州、果洛州、玉树州、海西州8个地区的河流水系进行了简单划分。2003年5月,又汇总了省内部分水文站的站名、河流名称、流域面积、河流长度、实测最大洪水流量、多年平均洪水流量、推算的洪水流量等资料。

青海省公路事业正处于高速发展阶段,三江源区生态保护建设项目的实施又给桥梁水文计算工作带来了许多新问题,而原有的水文公式存在相关性差、资料不全等弊病,客观上要求水文工作者必须进行新的探索和研究。本课题的实施,将建立全省系统的、全面的水文数据资料库,对设计单位流量及孔径的计算提供借鉴参考,对公路养护部门防汛抗洪提供指导。本课题具有较强的工程实践意义,可以全面提高水文计算的精确性,将取得较好的社会效益和经济效益。

二、研究内容

(1)收集青海主要河流水文站的水文资料,在系统分析青海省河流水文特点的基础上,找出敏感的水文分区因子,探索一种定性指标与定量指标相结合的分区方法,对原水文分区论证分析,提出新的水文区划图。

(2)收集省内各水文站实测数据,以分区为单位,通过回归分析,得到最新的设计流量公式。从相关系数等数学参数的角度,论证了回归过程的合理性。以现水文站实测数据为基准,比较了新旧公式的计算精度,结果表明:新公式精度明显高于旧公式。

(3)调查收集青海省内既有大中桥水文资料,组建数据库,供工程技术人员参考。

三、研究成果

(1)收集分析省内全部43水文站建站至2008年的观测资料,并按P-Ⅲ曲线线形进行分析,得到各站最新的$\overline{Q}$、C_v、C_s/C_v,从宏观上反映全省洪水动态变化的特性。

(2)通过水文分区论证,将青海省原有的6个公路桥涵水文分区,细划为7个产流区和1个非产流区,首次绘制了青海省公路桥涵水文分区图及对应的水系图。

(3)利用matlab软件,对修正后的公路桥涵水文分区内水文数据进行回归分析,确定了流量计算公式中的参数,修正了流量计算公式,可推算任意频率的设计流量,填补了青海省的空白。

(4)对省内5家公路设计单位1 800多座大中桥梁设计资料筛选整理,建立了《青海省公路桥涵水文数据库》,利用Access创建了青海省公路桥涵水文电子数据库(含光盘)(图1)。依托《青海省公路桥涵水文数据库》的建设,初步构建了桥梁水文GIS系统(图2)。

(5)编制了《青海省公路桥涵水文分区应用指南》。分区修正图如图3所示,青海省公路桥涵设计流量如表1所示。

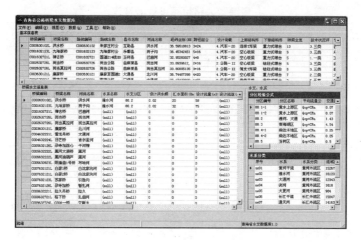

图1 青海省公路桥涵水文电子数据库

图2 项目开发的基于 Google Earth 的桥梁水文 GIS 系统

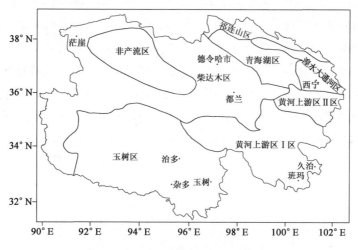

图3 青海省公路桥涵水文分区修正图

青海省公路桥涵设计流量表 表1

编号	水文分区名称	设计流量公式
1	黄河上游区Ⅰ区	$\bar{Q}=2.8210F^{0.5202}$;$Q_{2\%}=6.2144F^{0.5296}$;$C_v=1.7470F^{-0.1273}$;$Q_{1\%}/Q_{2\%}=1.13$;$C_s/C_v=3.5$
2	黄河上游区Ⅱ区	$\bar{Q}=0.4340F^{0.7228}$;$Q_{2\%}=3.5351F^{0.6064}$;$C_v=2.5745F^{-0.1571}$;$Q_{1\%}/Q_{2\%}=1.15$;$C_s/C_v=3.0$
3	湟水大通河区	$\bar{Q}=0.7003F^{0.6631}$;$Q_{2\%}=5.4375F^{0.5326}$;$C_v=2.135F^{-0.1595}$;$Q_{1\%}/Q_{2\%}=1.15$;$C_s/C_v=3.5$
4	青海湖区	$\bar{Q}=4.1783F^{0.4708}$;$Q_{2\%}=41.668F^{0.3019}$;$C_v=4.085F^{-0.2364}$;$Q_{1\%}/Q_{2\%}=1.25$;$C_s/C_v=2.5$
5	柴达木区	$\bar{Q}=0.7644F^{0.5673}$;$Q_{2\%}=2.5468F^{0.5639}$;$C_v=13.5021F^{-0.3157}$;$Q_{1\%}/Q_{2\%}=1.16$;$C_s/C_v=3.0$
6	玉树区	$\bar{Q}=0.4344F^{0.7130}$;$Q_{2\%}=0.9084F^{0.7186}$;$C_v=2.0759F^{-0.1497}$;$Q_{1\%}/Q_{2\%}=1.13$;$C_s/C_v=4.0$
7	非产流区	$\bar{Q}=1.1833F^{0.5673}$;$C_v=13.5021F^{-0.3157}$;$C_s/C_v=3.0$

注:表中 $\bar{Q}$ 为平均年最大流量(m^3/s);$Q_{2\%}$ 为50年一遇的洪水流量(m^3/s);$Q_{1\%}$ 为100年一遇的洪水流量(m^3/s);C_v 为离差系数,C_s 为偏差系数,F 为汇水面积(km^2)。

四、成果应用情况

课题成果在青海省公路桥涵建设中得到了广泛应用,青海省内所有公路勘察设计单位均使用该成果进行桥涵设计流量的计算。主要体现在:

(1)绘制的青海省公路桥涵水文分区图及对应的水系图,明确了省内各水系的水文分区,对测设工作提供了便利。

(2)任意频率的桥涵洪水流量计算公式提高了计算精度。

(3)初步建立了《青海省公路桥涵水文数据库》,构建了基于 Google Earth 地图的桥梁水文 GIS 系统,可直观地查找既有大中桥水文资料,为设计人员及管理养护人员提供参考。

五、社会经济效益

目前我省公路事业正处于高速发展阶段,桥梁水文计算中存在较多问题,原有的水文公式存在相关性差、资料不全等弊病,客观上要求水文工作者必须进行新的探索和研究。本课题通过水文对桥梁影响的分析研究,实现了水文分区的理论创新,确定适合于青海的流量计算经验公式,同时建立详细的桥梁水文资料库,给出水文计算的技术指南。该研究成果可以指导青海省桥梁的设计,使我们在公路建设中很好的解决桥梁孔径、桥面高程和基础埋深的问题。可确保桥梁的安全,延长了桥梁使用期,降低养护费用。同时避免我们在使用公式时的盲目性,节约建设经费。有利于促进青海省的公路建设和经济发展,具有显著的经济效益和社会效益。

青海高等级公路电热融雪技术的试验研究

项目编号：2009-07
任务来源：青海省交通科技项目
承担单位：青海交通职业技术学院
研究人员：井　浩　李　捷　王海春　严莉华　马晓明　靳生盛　衡秀云
　　　　　　李元吉　关春洁　赵　静

一、项目研究背景及必要性

　　大量的调查和研究表明，路面状况的好坏是影响道路交通的重要因素。在寒冷的冬季，路面因降雪而积雪结冰给道路畅通和行车安全带来了严重的影响，在冰、雪天气中，路面附着能力大大降低，对车辆行驶的动力性及安全性极为不利。据分析：冰雪常常使汽车制动失灵、方向失控，交通事故频繁发生，连续追尾撞车事故也屡见不鲜。冰雪天交通事故成倍增长，2011年道路交通万车死亡率为2.8，中国各省道路交通万车死亡率的统计结果显示，交通事故死亡率最低的是湖北省，死亡率最高的是人口密度很低的西藏自治区，之后是新疆和青海。青海道路交通万车死亡率几乎是全国平均值的4倍，研究学者认为，这和青海省道路冰雪期长有很大关系。15%左右的交通事故与道路积雪有关；冰雪天公路运输效率极低，交通事故不但威胁驾乘人员的生命安全，同时对交通设施及车辆造成严重破坏，甚至造成道路关闭，给客货运输带来不便，也给建设单位造成巨大的经济损失，进入21世纪以来，全球气候逐渐变暖，加剧了世界范围内灾害天气的极端性及频繁性。2008年初横扫了华中、华东和华南的冻雨雪等灾害性天气，不仅给人民群众生命财产和工农业生产造成重大损失，更给中国的运输和能源网络带来了巨大的压力。路面附着系数是汽车动力学研究的主要参数之一，同时也是评价路面性能的主要参数之一，它随着时间的延长、车辆碾压频次的增加逐渐衰减，特别是在冰、雪、雨天气中，路面附着能力大大降低，对车辆行驶的动力性及安全性极为不利。如何有效地解决高速公路冰雪天不封路或少封路，避免交通事故或少出交通事故，形成良好的安全管理模式，已成为交通管理部门的重要工作之一。目前国内外采用的融雪方法主要有：机械除冰雪、撒布融雪剂和热力学融雪法。机械设备铲雪法不能从根本上解决路面的抗滑能力，而且机械价格昂贵、设备利用率较低、维修保养费用高。撒布融雪剂缺点亦很明显：腐蚀道路材料、污染环境。其中热力学融雪法原理简单而且不会造成污染,成为路面融雪化冰措施之一。

目前广泛采用的融雪化冰方法对于道路路面及环境的破坏比较严重,带来了严重的经济损失,因此寻求新的融雪化冰方法具有非常重要的现实意义。

二、研究内容

本课题针对目前广泛采用的融雪剂融雪化冰方法的缺点,以丹拉国道主干线西宁过境公路的大有山隧道作为工程依托,提出了一种新型环保的融雪化冰方法——发热电缆融雪化冰。围绕发热电缆融雪化冰一些关键问题,进行相应的试验研究、理论分析的研究,对功率设计、控制方案、技术和经济优势进行研究。给出青海地区高等级公路坡道、隧道出入口冬季融雪化冰的合理设计参数。主要研究如下内容:

(1)确定丹拉国道主干线西宁过境公路的大有山隧道作为工程依托,选择在大有山隧道出口段 K5+200~K5+300 处进行试验研究。

(2)对我国现有的发热电缆的性能及价格进行对比分析,选择适用于道路融雪的发热电缆,对发热电缆的抗压性能进行研究。开展发热电缆融雪化冰的试验研究,包括发热电缆的铺装工艺、发热电缆融雪化冰系统的设计方法和原理研究等。

(3)在试验路段铺设融雪发热电缆,分别对发热电缆融化路面碎冰以及降雪的融雪效果进行研究,研究发热电缆融雪化冰系统温度场与相关影响因素(铺装功率、铺装方案、室外气温、室外风速、隔热情况)的关系,总结融雪系统的升温规律、温度分布规律。

(4)研究电热融雪对沥青混凝土路面结构层的影响(结构层的稳定性、抗剪性能),确定发热电缆合理的埋置位置。

(5)将发热电缆融雪技术与目前广泛应用的撒盐化雪进行比较,分析发热电缆融雪化冰系统的社会经济效益及环保性。

融雪试验系统如图1所示。

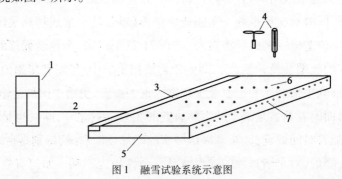

图1 融雪试验系统示意图

1-配电控制箱;2-导线;3-集线槽;4-环境监测点;5-路面结构层;6-温度监测点;7-发热电缆

三、研究成果

本项目主要分析发热电缆融雪化冰的一些关键问题,进行了相应的调查研究及试验研究,对功率设计、施工技术、技术和经济优势进行分析。并得出了如下主要成果：

(1)收集分析青海省内气候资料、青海高原雪灾统计资料及青海的高等级公路沿线降雪资料,得到了青海省年平均气温分布特点、青海高原雪灾空间分布特征及青海的高等级公路沿线降雪分布特点。

青海的高等级公路沿线降雪日数,平阿高速化隆段年降雪日数最多;宁互一级公路互助段、西塔高速段年降雪日数为次高值区;平安—马场垣段年平均降雪日数为全线最少。

(2)发热电缆融雪化冰技术特点。

技术优势:绿色环保、无污染,融雪化冰效果稳定可靠,操作简便,可自动控制。

技术缺点:初期投入大。

(3)相关技术指标。

①通过分析现场电热融雪数据及融雪效果,得出电热融雪试验初期有一很长的时段路面在吸热升温,而融雪量小,升温后融雪速度快,效果显著,如表1所示;压实雪的融雪效率比未压实雪的融雪效率高;在预热情况下,可实现实时融雪。结合青海省的高寒气候特点,得出对于青海地区道路融雪,其铺装功率采用650W/m² 才可满足本地区融雪化冰要求,如图2所示。故将该功率作为青海省高等级公路电热融雪的推荐功率。

路表面温度升高到2℃所需的时间(单位:min)　　　　表1

铺装功率(W/m²)	环境温度(℃)		
	−5	−10	−18
310	520	1 010	—
420	210	850	—
650	120	240	600

②通过对加入发热电缆层的沥青混合料和普通沥青混合料的对比试验研究,得出加入发热电缆层对沥青混凝土路面起到了加筋作用,提高了其力学性能。通过对不同层位加入发热电缆层的沥青混合料的对比试验研究,得出了发热电缆层位于试件中间时,其抗压强度与抗压回弹模量最大,同时其抗车辙性能也得到提高,加筋效果最好,如图3所示。

③综合考虑融雪效果、发热电缆强度、发热电缆层对沥青混凝土面层的加筋效果、青海高等级公路常用沥青路面面层结构形式等主要制约因素,确定青海高等级公路电热融雪发热电缆层最佳埋置位置为4cm的上面层之下,如图4所示。

图2　输出功率为650W/m² 的融雪效果

④发热电缆融雪化冰系统初期投资大。但只要设计方案合理,其运营成本反而比使用环

保融雪剂的成本低,且无污染,操作方便,融雪效果好。

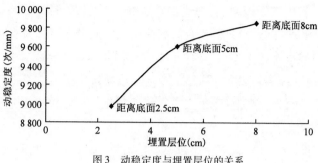

图3 动稳定度与埋置层位的关系

四、成果应用情况

本成果在丹拉国道主干线西宁过境公路的大有山隧道出口段 K5+200～K5+300 处进行应用,铺筑了宽7m、长100m 的路段,并进行观测研究,如图5所示。融雪效果良好,提前3h预热能够达到实时融雪效果。

图4 发热电缆埋置位置为4cm时的融雪效果

图5 发热电缆铺设现场

五、社会经济效益

冰雪天公路运输效率极低,交通事故不但威胁驾乘人员的生命安全,同时对交通设施及车辆造成严重破坏,甚至造成道路关闭,给客货运输带来不便,也给建设单位造成巨大的经济损失,如何有效地解决高速公路冰雪天不封路或少封路,避免交通事故或少出交通事故,形成良好的安全管理模式,已成为交通管理部门的重要工作之一。

本项目通过分析目前常用的融雪剂的机理,融雪剂对基础设施、环境卫生的危害以及这些危害造成的直接经济损失。结合发热电缆与融雪剂相比的在技术上和运行可靠性方面的优势,认为虽然采用发热电缆融雪化冰系统增加了道路建设的初投资,但避免了一系列的负面效应。从运营成本对比分析看,电热融雪只要设计方案合理,其运营成本反而比使用环保融雪剂的成本低,且无污染,操作方便,融雪效果好。所以从长远来看,具有相当可观的社会经济效益。

汽油车简易稳态工况排放测试系统工况模拟关键技术的研究及评价

项目编号： 2009-06
任务来源： 青海省交通科技项目
承担单位： 青海交通职业技术学院
　　　　　　西南交通大学
研究人员： 李恒宾　刘　平　靳生盛　熊建国　罗国玺　任庆平　李永芳
　　　　　　李　慧　费青章　侯彦羽
评价时间： 2012 年 5 月
评价水平： 国内先进

一、项目研究背景及必要性

国家标准《点燃式发动机汽车排气污染物排放限值及测量方法（双怠速法及简易工况法）》（GB 18285—2005）和北京地方标准《汽油车稳态加载污染物排放标准》（DB 11/122—2003）颁布后，我国正式启动了汽车排放的 ASM 测试。国内许多大城市进行了该测试标准的示范实施，如长春、贵阳、无锡、西宁、石家庄等地，北京全面推行了该测试方法。西宁市现在采用 ASM 简易工况法检测的检测站有：西宁市高原机动车检测有限责任公司、西宁市公安局车辆管理所机动车检测中心。一些在建和改建的汽车检测站在尾气测试设备上也将采用 ASM 简易工况设备。西宁市交通局和西宁市环境保护局在 2007 年联合下发的《关于开展西宁市机动车尾气污染综合整治通告》中指出，对在西宁市公安车辆管理所注册登记的汽油、柴油、燃气机动车辆及外地迁入本市的车辆，须经机动车排气检测站采用简易工况法检测尾气。从 2008 年 1 月 1 日起，严格审核机动车的上牌、入户。车辆管理部门在办理机动车落户、过户手续时，要求车主必须出示车辆的机动车尾气排放合格证。对没有取得机动车尾气排放合格证的车辆，不予办理落户、过户手续。对超标车辆实施半年检测，加大监督性抽检力度，促使其达标行驶。

随着 ASM 稳态工况法的广泛应用和汽车尾气排放制度的完善，汽车排放检测系统的研制和开发在国内也成为热点。目前国内已有近 10 家设备厂商开始生产 ASM 工况法检测设备。

北京市 BASM 法检测设备近一半是进口设备,所用的国产设备实质也是进口设备的仿制品。

用于 ASM 工况法排放试验用的风冷电涡流测功器,存在参数时变、非线性和响应速度慢等问题,提高试验工况控制精度是技术难点之一,也是影响排放测量精度的主要因素之一。因此,研究和开发加载扭矩响应速度快、稳态精度高、鲁棒性好的底盘测功机控制系统,仍是亟待解决的关键问题之一。

二、研究内容

本项目针对 ASM 稳态工况排放测试中的工况模拟问题,提出进行工况模拟的评价方法;以现代信号分析与处理为基础,提出高精度工况模拟的信号处理方法;以电涡流测功机测试系统为研究对象,研究应用于 ASM 简易工况法的先进控制理论与实现方法,具体内容如下:

(1)针对 ASM 测试方式,提出过渡段自适应 + 稳态段 PID 控制的复合控制策略,过渡段自适应控制并且进行模型辨识,稳态段由过渡段辨识出的参数而整定的 PID 控制,采用 borland c + + builder 6.0 为开发平台,以 matlab 建立的仿真算法为基础,设计 ASM 测控程序,完成测控软件的编制。

(2)将测控软件用于电涡流测功机上对软件程序进行试验验证,提出一些控制关键参数的工程选择依据。

(3)提出进行 ASM 测试工况模拟的评价指标和方法。

(4)应用(3)提出的方法对已有的 ASM 产品 A 进行评价;应用(3)提出的方法对本项目设计的 ASM 产品 B 进行评价,做出评价对比分析报告。

三、研究成果

(1)通过将电流环、晶闸管和电涡流测功器组成的被控对象作为广义控制对象,采用子空间辨识方法对该对象进行辨识。子空间模型辨识方法(SubSpace Model Identification,SMI)的基本思想可以追溯到 20 世纪 60 年代提出的状态空间实现理论。基于该理论,系统的状态空间表达可以由脉冲响应系数组成的 Hankel 矩阵估计得到。但是,获取可靠的脉冲响应估计比较困难,因此直接由系统的输入输出数据中辨识状态空间模型的方法得以发展,确定性、随机性和确定性与随机性混合的系统的子空间辨识算法也逐步完善。这些算法的基本思路就是由输入输出 Hankel 矩阵投影的行子空间和列子空间来估计模型参数。建立了适用于 ASM 测试的电涡流加载控制器的系统辨识方法,并获得了相应的数学模型,进行了辨识试验设计,并通过残差的自相关分析验证辨识模型精度。辨识试验结果表明,试验找到了发动机最大功率点,功率曲线符合发动机外特性。进行辨识试验获得的数学模型,其仿真输出与加载减速运行试验数据基本一致。在时域内将模型输出与试验数据进行对比,是一种直观的验证方法,可以用于粗略的判定模型精度。而详尽的分析辨识模型精度,则需要残差进行进一步对分析。这里使用了残差自身的自相关函数分析以及残差与输入信号之间的互相关函数分析来获得。

残差的自相关分析结果表明,随着滞后值 τ 的增加,各输出残差的白色性都有改善,基本处于置信区间内,可以认为残差为白噪声。而残差与系统输入的互相关分析结果显示,两者在置信区间内基本上是统计独立的,获得的辨识模型精度较高。

(2)对 ASM 测试方式,提出过渡段自适应 + 稳态段 PID 控制的复合控制策略,过渡段自适应控制并且进行模型辨识,稳态段由过渡段辨识出的参数而整定的 PID 控制,对所建立的模型进行的仿真,并通过试验进行验证。对传统的 RLS-GMVC 中的最小二乘算法部分进行改进,实现一种基于改进的 RLS 的广义最小二乘算法,进而使控制有更高的抗干扰能力。在系统参数辨识中,对于估计误差的评估包括两个部分:一是对当前时刻点的估计误差;二是对于过去时刻点的估计误差。但传统的递推最小二乘算法中,对参数估计值的修正,只体现了当前点的估计误差的作用。基于这种考虑,对传统 RLS 算法进行了改进,得到两点递推最小二乘法,通过以上分析可以看出,这种基于两点估计误差的改进 RLS 算法对于一些瞬时的随机扰动(如系统运行中的负载波动等)会有较好的削弱作用,在扰动下依然可以提供较为准确的系统参数,从而为控制器的有效控制提供了条件。

仿真结果表明,过渡段采用自适应控制方法比传统 PID 加载控制,在加载线性部分和突变的加减载部分,均能较好地跟踪载荷的变化。控制载荷响应快,加载变化柔和。北京现代 iX35 轿车试验验证结果表明,在 0 ~ 25km/h 加速过程中,由于采用了自适应控制,使其平滑性增强,换挡过程中随着加载设定的降低,实际输出快速下降,随着换挡的完成,加载也快速响应,因此,系统加载快速而平滑,超调小,整个过渡过程平稳,达到稳态工况所需要的时间少,操作时间缩短了 8.5s,节省了检测的时间,提高了检测的效率。稳态段试验结果表明,在 ASM5025 阶段,A 方案的方差为 0.519,B 方案的方差为 0.226,小于 A 方案;在 ASM2540 阶段,A 方案的方差为 0.785,B 方案的方差为 0.661,也小于 A 方案。证明 B 方案的排放较稳定,波动小,可提高检测精度。FY-280 微型货车试验结果表明,在用 A 方案操作时,车辆熄火而不能进行试验,最后在驾驶员高度集中精力进行挡位操作,才将试验得以完成。而在 B 方案时,虽然速度不断地波动,但由于加载的自适应性,使其紧紧跟随动力输出,因此试验能正常进行。这样不但减少了过渡段的操作难度,提高了检测的成功率,而且不需要猛踩油门来完成检测,减少了对车辆的损伤。验证了本项目所提的方法正确、合理,有一定先进性。

(3)在实验室原有硬件的基础上,以前述设计为核心,以 c + + builder 6.0 为开发环境,采用 OOP 软件技术编程实现了 ASM 测控系统的开发,设计了相应的测试控制程序。开发的软件能有效地进行测功机的工况模拟。

(4)ASM 工况模拟测试系统性能评价是保持车辆在检测过程中控制系统高效经济运行的一项重要技术。可以借助在线运行的程序,通过对运行数据的分析来进行性能评价。性能评价应该包括下面几个主要阶段:确定运行中控制系统的能力、选择和设计一个合适的性能评价基准、性能不佳的控制回路监测与评价、潜在原因的诊断。运用多个指标对多个参评单位进行评价的方法,称为多变量综合评价方法,或简称综合评价方法。其基本思想是将多个指标转化为一个能够反映综合情况的指标来进行评价。在综合评价过程中,一般要根据指标的重要性进行加权处理。ASM 测试工况模拟的过程数据主要有速度、载荷、加速度。对于一个已知的试验循环,其在各速度下的加载是可以计算得到的,称为理论加载,因此将实际加载与理论加载进行一致性对比即可评价其模拟准确性。本项目评价的基础是根据相关和回归分析理论中的决定系数,提出进行 ASM 测试工况模拟的评价指标和方法,对 ASM 控制进行合理评价提供了坚实的基础。本项目的评价是根据相关和回归分析理论中的决定系数,提出了一种计权评分的综合评价方法。评价综合考虑了稳态段和加速段,评价方较全面。

四、经济社会效益

1. 经济效益评价

通过本项目研究的测控系统可以测试精度提高,过渡段加载平顺性提高,可降低引车员的操作难度,减少受检车辆的磨损,可以对现有 ASM 检测设备生产厂家的电涡流测功机工况模拟系统进行核心技术升级。截至 2009 年 4 月,北京市已建成 42 个检测站,264 条工况法在用汽车排放检测线。上海市规划中的检测线在 600 条以上。按目前全国建 3 000 个尾气检测站,每个汽车尾气检测站 2 套,1/3 大型汽车维修厂装备工况法检测设备,全国市场在用车工况法检测设备需求量估计在 1 万台套以上。按目前市场调研看,ASM 简易稳态工况法检测的主要设备——电涡流测功机的价格一般在 15 万元至 50 万元之间,按每台设备的升级改造费用 1 000 元,改造数量 1 000 台计算,将产生约 100 万元的经济效益。同时由于简易工况法本身的技术特点和政府对车辆尾气检测力度的加大,决定了该检测设备的经济寿命期不会低于 10 年,市场将长期需求,预计近 10 年内,每年将获得稳定的经济收益。同时,据公安部交管局统计,近 5 年,全国机动车保有量保持较快增长速度,年均增量达 1 591 万辆,2011 年全年增加 1 773 万辆。截至 2011 年底,全国机动车保有量为 2.25 亿辆。其中汽车 1.06 亿辆。目前,国内机动车辆检测主要采用强制性检测,如公安部的交通管理机构规定对车辆必须进行必要的审验。新车一般两年一次,旧车需要按年度审验。我国的道路运输条例规定营运性运输车辆必须定期进行车辆综合性能检测。据此估计,每年大概有 1 亿辆左右的车辆要进行尾气检测,采用 ASM 简易稳态工况法进行尾气检测的车辆至少为 5 000 万辆。如果有 1% 的车辆在检测时由于 ASM 测试系统加载不平顺出现重复检测现象,每年重复检测的车辆将达到 50 万辆。按每辆车检测一次的时间为 200s 计算,耗油量约为 0.14L,每年将节省汽油 7 万 L,约 56 万元。这些因素决定了本项目研究的成果具有较好的经济推广前景。

2. 社会效益评价

环境保护部日前发布的 2011 年《中国机动车污染防治年报》显示,机动车保有量的快速增加,使机动车污染防治的重要性和紧迫性日益凸显。监测表明,我国城市空气开始呈现出煤烟和机动车尾气复合污染的特点。一些地区灰霾、酸雨和光化学烟雾等区域性大气污染问题频繁发生,这些问题的产生都与车辆尾气排放密切相关。同时,由于机动车大多行驶在人口密集区域,尾气排放直接影响群众健康。尾气排放已成为我国空气污染的重要来源。2010年,全国机动车排放污染物5 226.8万t,包括氮氧化物(NO_x)、碳氢化合物(HC)、一氧化碳(CO)、颗粒物(PM),其中汽车排放的NO_x和PM超过85%,HC和CO超过70%。按燃料分类,全国柴油车排放的NO_x接近汽车排放总量的60%,PM超过90%;而汽油车CO和HC排放量则较高,超过排放总量的70%。按排放标准分类,占汽车保有量12.8%的国Ⅰ前标准汽车,其排放的污染物占汽车排放总量的40.0%以上;而占保有量41.1%的国Ⅲ及以上标准汽车,其排放量不到排放总量的15.0%。按环保标志分类,仅占汽车保有量20.2%的"黄标车"却排放了70.4%的NO_x、64.2%的HC、59.3%的CO和91.1%的PM。

检测设备是实施工况法检测的物质保证,国内目前使用的设备中,由于核心技术没有完全掌握,设备在使用过程中控制不够理想,对汽车排放不能合理地评估,检测设备的不完善已严重制约了我国在用汽车I/M制度的实施。

对这些设备进行更严格和更科学的评价,并进行核心技术升级,提高汽车尾气排放检测的精度,对高排放车的控制有重要意义,利于我国I/M制度的实行。

以本项目的研究成果为基础,对ASM测试进行更严格和更科学的评价,并对现有的国家标准进行补充和完善,利于各地环保部门对ASM设备进行核准,利于生产厂家进行设备的规范生产。这也符合国务院关于《节能减排综合性工作方案》《国务院关于加强节能工作的决定》和《交通部关于进一步加强交通行业节能减排工作的意见》(交体法发〔2007〕242号)文件的精神。

高原环境对青海省道路运输车辆润滑油品质影响研究

项目编号：2010-06
任务来源：青海省交通科技项目
承担单位：青海交通职业技术学院
研究人员：李富香 王海林 何效平 王海峰 熊建国 任庆平 张继学
　　　　　　李　慧 靳生盛 李恒宾 钱晓鸥

一、项目研究背景及必要性

汽车发动机机油的油品在系统工作中所产生的不良杂质数量是不允许无限度增加的，当达到一定程度以后，就不能满足系统对油品的要求了，于是这种油就成为报废油，需要加以更换。若不更换，继续使用，便会加快运动零件的磨损，并使系统产生故障，从而降低设备的使用寿命。

汽车发动机机油的品质变化是一个复杂的过程，所以影响车用发动机机油品质的因素也是多方面的，主要有内在和外在两方面因素。

内在的因素主要是指发动机本身的设计参数以及所使用的发动机机油新油的质量性能。这些因素是不受外界条件影响的。经大量行车试验证明，同型号发动机使用油品质量等级越高，其油品改变所用的时间越长。

外在的因素主要是指发动机的操作方式与运行条件和环境。研究表明，在用发动机机油的老化变质受发动机转速、油温以及发动机经常运行的环境的影响很大。Wolfgang Warnecke 等人所做的大量行车试验表明：当发动机处于非正常运转状况下，发动机机油品质变化的速度相对于发动机处于正常运转状况下要快得多，其换油周期也短。汽车发动机在工作过程中，各运动件由于高速、高压、高温条件下的相互运动，受到四周海拔高度、空气、温度、光线及其他因素的影响，在油中逐渐增加了外来杂质，其结果在油中会有水分、灰尘、砂粒、金属屑末，并在长期使用中逐渐氧化，使得化学成分发生了变化，产生变质物和有害杂质，一般有以下几类：

（1）杂质和灰尘是造成汽缸及整个发动机磨耗的主要原因，而磨损又会产生大量金属屑。这些东西混入机油中逐渐氧化，就会使机油变质老化。

(2)汽油燃烧所产生的积碳、水和一氧化碳会与机油产生化学变化,导致机油老化变质。

(3)如果活塞环破损,空气滤清器或阻风门故障,汽油就会流到曲轴箱内,使机油的浓度变得更稀薄。一旦机油变稀,其润滑功能会降低,因而造成机件磨损。

以上叙述的内容均为平原发动机润滑油品质变化规律的研究,基于高原环境对润滑油的影响研究尚属空白,开展高原环境对青海省道路运输车辆润滑油品质的影响研究对于确定合理的高原汽车维护周期、丰富职业教育汽车专业教学资源具有十分重要的意义。

二、研究内容

1. 研究方法

本项目采用调研、现场考察、试验研究相结合的方法。

(1)本课题以海拔 2 000~4 000m 的地面环境数据为基础,结合汽车运用条件,重点考察高原气温、风沙、气压、湿度、沙尘污染指数等影响参数,突出研究高海拔、高寒冷对润滑油的影响。

(2)通过大量调研和现场考察,掌握现行汽车润滑油换油周期及其确定方法在实际运行中的经验及缺点,结合润滑油理化指标的检验,探讨环境条件对油品变质的影响。

(3)在调研、试验的基础上,结合理论分析,通过快速检测手段,结合行驶里程与理化性能的变化关系,研究润滑油质量的变化规律,给出几类车型换油期的建议。

2. 技术路线

(1)调研咨询、收集资料、进行项目可行性研究及拟定研究方案。

(2)选取有代表性的地区、车辆、油品为试验对象,采用油品取样试验。

调查范围为全省营运载客汽车和载货汽车。调查方式为道路运输典型车辆,以"能抽样"为原则,载客汽车选择公交车或其他载客汽车聚集地进行调查,载货汽车可以选择大的物流公司或其他载货汽车聚集地进行调查。

试验对象为 2 类载客汽车,每类 3~5 辆;3 类载货汽车,每类 2~3 辆。载客汽车以公共汽车、出租车为主,载货汽车以物流公司使用的载货汽车为主。

3. 试验分析

本试验采用实验室理化指标分析结合润滑油快速检验技术,试验分析油品性能,重点分析油样的黏度变化、机械杂质、水分含量等典型理化性能。油品理化性能的变化可以反映汽车发动机的技术状况,如磨损情况及磨损特征。

(1)试验分析润滑油的污染程度

润滑油污染程度的变化反应油品润滑性能的变化,本试验采用 THY-21C 油液质量快速检测仪,快速跟踪监测汽车润滑油的污染程度,分析油品污染的影响因素,采用正交分析方法,探讨高原环境对油品使用性能的影响显著性。

（2）实验室理化性能分析

每一类润滑油脂都有其共同的一般理化性能，以表明该产品的内在质量。对润滑油来说，这些一般理化性能如下：黏度，反映油品的内摩擦力，是表示油品油性和流动性的一项指标；黏度指数，表示油品黏度随温度变化的程度；凝点，在规定的冷却条件下，油品停止流动的最高温度；酸值，表示润滑油中含有酸性物质的指标；碱值，表示润滑油中碱性物质含量的指标；水分、润滑油中含水率的百分数；机械杂质，存在于润滑油中不溶于汽油、乙醇和苯等溶剂的沉淀物或胶状悬浮物。

三、研究成果

青海气象条件特殊，本课题以海拔2 000～4 000m的地面环境数据为基础，结合汽车运用条件，重点考察高原气温、风沙、气压、湿度、沙尘污染指数等影响参数，突出研究高海拔、高寒冷对润滑油的影响。通过大量调研和现场考察，掌握现行汽车润滑油换油周期及其确定方法在实际运行中的经验及缺点，结合润滑油理化指标的检验，探讨环境条件对油品变质的影响。在调研、试验的基础上，结合理论分析，通过快速检测手段，结合行驶里程与理化性能的变化关系，研究润滑油质量的变化规律，给出几类车型换油期的建议。

经过本项目试验发现，对于试验车型先行使用的换油里程都存在明显过短的现象，本研究为保险起见，以综合污染度为13左右作为上限，对5个试验车型试验数据进行分析预测，对重型柴油货车预测出的累计行驶里程为12 000km；对于轻型柴油货车预测出的累计行驶里程为16 000km；轻型汽油货车其中两辆小货车预测出的累计行驶里程为10 000km，而另一辆为7 000km；出租车（汽油）对于里程表读数超过40万km的测试车型T3494、T2980、T0406，污染度达到13左右的累计行驶里程基本可以达到10 000km，而里程表读数为13万km的测试车型青T0702，其预测污染度值达到13时累积行驶里程可以达到12 000km左右，同时对于里程表读数为不到10万km的测试车型青AA4232车，其预测污染度值达到13时累积行驶里程可以达到18 000km左右；大型柴油客车预测出的累计行驶里程为25 000km。

对于试验车型轻型柴油货车（五十铃）、大型柴油客车（金龙），其加注润滑油牌号20w/50与青海省气候并不相宜。

对于试验车型轻型汽油货车（五菱小货车）在实际运输过程中经常超载或满负荷使用，因此其在接近5 000km时，润滑油运动黏度变化率就已经接近或超过《汽油机油换油指标》（GB/T 8028—2010）中对于运动黏度变化率小于或等于±20%的要求。

建议：

（1）润滑油换油里程建议

①建议装载质量20t的重型柴油货车的换油里程12 000km，如果装载质量大于40t应当适当减短其换油里程。

②建议装载质量10t的轻型柴油货车的换油里程16 000km。

③建议五菱小货车的换油里程 10 000km。

④建议出租车换油里程定为 10 000km,对于新车(即累积行驶里程较短),其换油周期可以适当延长至 12 000km 左右。

⑤建议长途大巴车的换油里程为 25 000km,为保险起见,还可参考其他研究结果,将换油周期定为 15 000km。

(2)润滑油型号选择建议

青海全年月平均气温为 -20~20℃,选用黏度等级为 10W/30 的等级(适合气温 -25~30℃)是合适的。因此,建议青海地区车辆选用黏度等级为 10W/30 的等级(适合气温 -25~30℃)润滑油。

(3)运载条件建议

建议小货车改变长期超载运输现状,按汽车规定载重量行车。

另外,汽车在行驶 5 000km 以后,有亏机油的现象,这时一定要把机油补充到标准液位,最好是每隔 2 000km 就观察一下机油尺,观察一下发动机是不是亏机油。在青海地区的春季有扬沙的天气,更换空气滤芯的次数就要多一两次,发现脏了就赶紧更换,没必要非得和机油一起更换,过脏的空气对发动机的磨损是非常严重的。

成果体现在以下五个方面:

(1)青海高原气象环境调查;

(2)确定并分析高原气象环境对汽车润滑油品质的影响;

(3)对道路运输典型车辆的试验结果进行分析,从技术角度分析高原环境下汽车技术状况的特点、润滑油变质影响因素,得出高原环境下润滑油油品变化的曲线分布;

(4)推荐道路运输典型车辆高原环境最佳换油周期;

(5)高原环境下汽车润滑系统相关的教学资源开发。

四、成果应用情况

汽车检测技术专业,选用本教材中润滑油相关知识,进行机油品质检测工作任务训练,并将本课题的研究将成果作为实例向学生讲解,使科研与教学紧密结合,很好地使科研成果为教学服务,收到了良好的教学效果。

五、经济社会效益

润滑油更换合理与否将直接影响内燃机的使用寿命和油品的使用经济性,针对青海高原特殊环境条件,研究、优化汽车润滑油的换油周期,分析确定换油周期的方法和标准,可提高发动机运行可靠性和润滑油使用经济性,从而带来较大的经济效益和社会效益。

(1)减少能源消耗,提高资源利用率。合理确定润滑油换油周期,修理周期不延长的情况下,延长换油周期,可避免过早换油带来的浪费,减少润滑油和能源消耗,提高资源利用率,具有明显的经济和社会效益。

（2）延长发动机使用寿命。合理确定润滑油换油周期，可避免润滑油超期服役加剧车辆的磨损，可以有效地降低发动机内机械磨损，减少机件故障损失，延长发动机使用寿命，带来明显的经济效益和社会效益。

（3）节约车辆维护费用。合理确定润滑油换油周期，可有效地提高发动机可靠性，提高车辆完好率，延长车辆的大修周期，从而降低车辆维修成本，节约车辆维护费用。

以出租车为例：青海省出租汽车按约 30 000 辆计算，据此，我们可估算出按本换油周期方案，在出租车行业总共可节省润滑油费用 3 240 万元/年。